W0417099

Juden in
Deutschland
heute

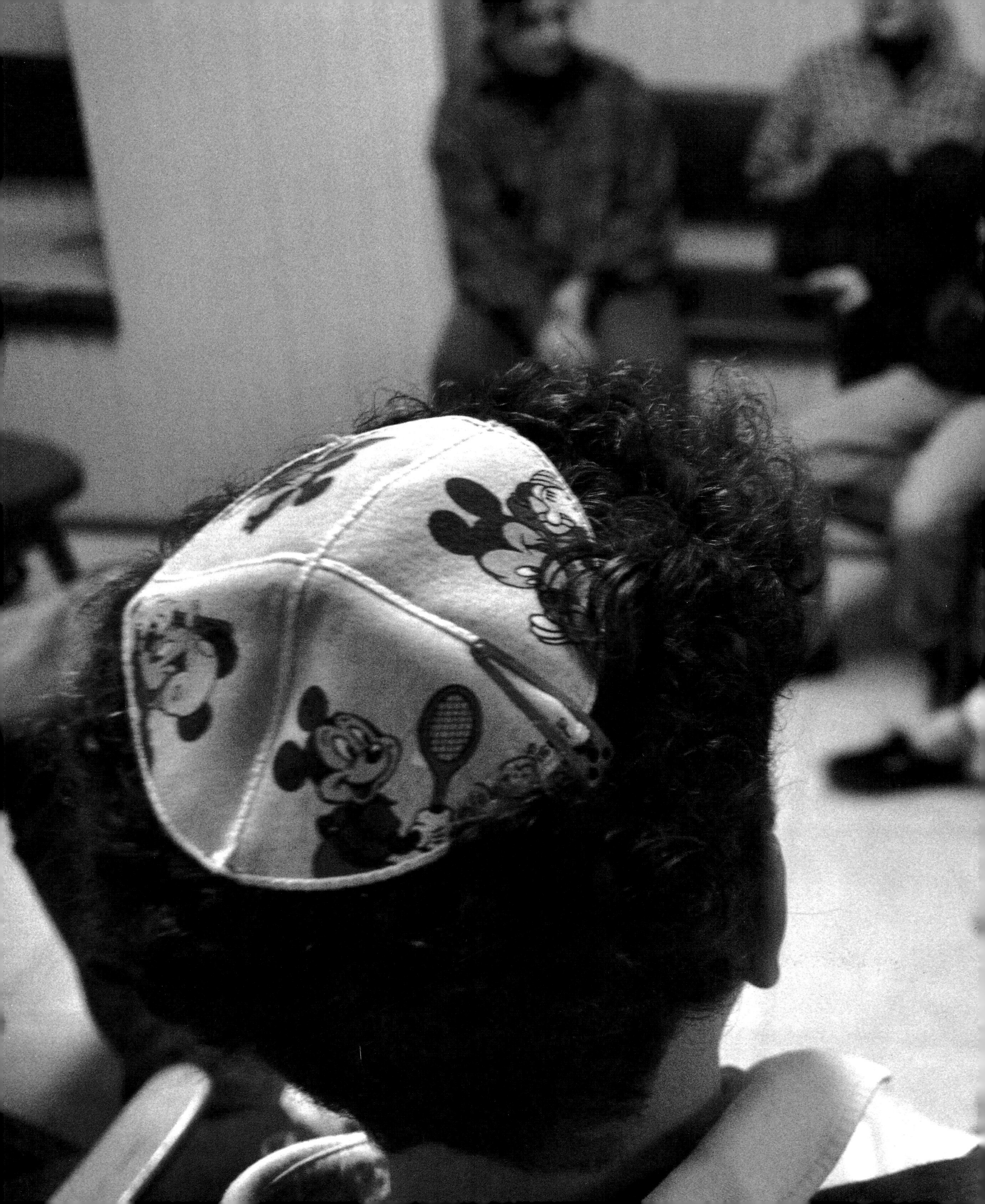

Seiten 2/3
Im Jugendclub der Jüdischen Gemeinde von Köln. November 1993.

Juden in Deutschland heute

Eine photographische Reise

Edward Serotta

Nicolai

© 1996 Nicolaische Verlagsbuchhandlung
Beuermann GmbH, Berlin
Gestaltung: Dorén + Köster, Berlin
Satz: Mega-Satz-Service, Berlin
Lithos: Imago Publishing Ltd., Oxfordshire
Druck: Passavia Druckerei GmbH, Passau
Bindung: Kunst- und Verlagsbuchbinderei GmbH, Leipzig
Übersetzung aus dem Amerikanischen: Meinhard Büning
Abbildung Seite 40: Survivors of the Shoah Visual History Foundation

Alle Rechte vorbehalten
Printed in Germany
ISBN 3-87584-599-4

CENTRAL EUROPE CENTER
For Research & Documentation

Dieses Buch erscheint in Zusammenarbeit mit den
Jüdischen Kulturtagen Berlin 1996.

Widmung

Als ich 1991 nach Berlin kam, bezog ich eine Wohnung in der Bruchsaler Straße. Entlang eintöniger Häuser verläuft die kopfsteingepflasterte Straße, die von großen, schattenspendenden Bäumen und einigen netten Restaurants gesäumt ist. An warmen, sonnigen Tagen grüßen die Nachbarn freundlich, und die meisten scheinen jünger als fünfzig zu sein.

Immer wieder, wenn ich die Straße entlangging, mit dem Auto oder Fahrrad fuhr, überlegte ich, ob hier auch andere Juden wohnten. Bei der Jüdischen Gemeinde in Berlin erfuhr ich jedoch, daß außer mir keine jüdischen Anwohner in der Bruchsaler Straße registriert sind. Hermann Simon, der Direktor des Centrum Judaicum, stellte mir dann eine Liste zur Verfügung, die über die Juden Auskunft gab, die früher einmal in dieser Straße gewohnt hatten.

Ihnen widme ich dieses Buch – den Leben hinter den Nummern an der Haustür.

Martha Ullman wohnte im Haus Nummer 6. 1943 wurde sie als Sechsundsechzigjährige nach Auschwitz deportiert. Sie kehrte nicht zurück.

In Nummer 8 lebten Charlotte Wegner und ihr Sohn Horst. Ihnen gelang es, die Stadt 1939 aus eigener Kraft zu verlassen. Was aus ihnen wurde, ist nicht bekannt.

In Nummer 11 wohnten Paul und Pauline Böhme. Paul starb kurz bevor seine dreiundsiebzigjährige Frau nach Theresienstadt deportiert wurde. Sie überlebte.

Felix Rosenthal und seine zwei Söhne Kurt und Carl-Heinz lebten in Nummer 15. Sie flohen nach Schanghai.

Aus meinem Fenster blicke ich auf das Haus Nummer 12, das von mehreren jüdischen Familien bewohnt wurde. Vielleicht zwangen die Behörden sie, in dieses eine Haus zu ziehen; doch es ist auch möglich, daß sie zu einer verzweigten Familie gehörten und aus Angst zusammenblieben. Wie dem auch sei, zwischen August 1942 und März 1943 wurde der achtundsechzigjährige Dr. Hugo Schwabach nach Theresienstadt deportiert; ebenso die achtundfünzigjährige Elsa Rosenhain. Herbert und Gertrud Krisch, beide um die dreißig Jahre alt, kamen, wie der vierundsiebzigjährige Max Levy, nach Auschwitz. Hertha Markus und ihr Ehemann Klaus, beide um die vierzig, wurden ebenfalls nach Auschwitz deportiert. Von diesen Menschen war 1945 nur noch Max Levy am Leben.

In Nummer 11 lebten Werner Rosenthal und sein Sohn Klaus. Sie überlebten und zogen nach dem Krieg wieder in diese Nachbarschaft.

Edward Serotta, im August 1996

Inhalt

Prolog

Nach Auschwitz mit Deutschen
November 1989

Durch Südpolen brauste die Kavalkade aus Polizeifahrzeugen, Mercedes-Limousinen und Bussen zum Flughafen von Krakau. Im ersten Bus saßen vierzig deutsche Photographen und Reporter, die soeben Kanzler Helmut Kohl bei seinem ersten Besuch in Auschwitz und Birkenau begleitet hatten.

Auschwitz. November 1989.

Es herrschte absolutes Schweigen. Wenige Minuten zuvor hatte Heinz Galinski, der siebenundsiebzigjährige Vorsitzende des Zentralrats der Juden in Deutschland, auf dem Lagergelände im Angesicht des deutschen Staatsoberhauptes berichtet, wie er vor sechsundvierzig Jahren mit seiner ersten Frau und seiner Mutter an diesen Ort gebracht worden war. Er sprach davon, wie er sie zum letzten Mal gesehen hatte, als sie an der Rampe neben den Eisenbahngleisen getrennt wurden. Heinz Galinski überlebte die nächsten sechsundzwanzig Monate in Arbeitslagern und auf Todesmärschen. Seine Frau und seine Mutter wurden vergast – genau hier. Er sprach in flachen, kalten Kadenzen, die die deutschen Würdenträger wie Pfeile zu durchdringen schienen. Dann stellte sich Menachem Joskowicz, Polens einziger Rabbiner, neben Galinski und sprach das Kaddisch, das jüdische Totengebet. Während des Gebets schloß er die Augen und griff vor sich in die Luft, als wolle er die Umstehenden beschwören, die Macht der Worte zu empfinden. Als er geendet hatte, herrschte einen langen, inhaltsschweren, schmerzlichen Augenblick Stille, es bewegte sich niemand, nichts rührte sich. Plötzlich wandten sich alle schnell den wartenden Wagen und Bussen zu.

Es war deutlich, wie sehr diese Erfahrung die Photographen erschüttert hatte. Sie reinigten ihre Linsen, spulten Filme zurück und vermieden es, einander in die Augen zu sehen. Ich war der einzige Nicht-Deutsche und der einzige Jude im Bus. In Birkenau hatte nur ich meinen Kopf während des Kaddisch mit einer Jarmulke bedeckt.

Ich war mit den Deutschen nach Auschwitz gefahren in der Hoffnung, hier einige Bilder für mein erstes Buch über Juden in Mitteleuropa aufnehmen zu können. »Jüdisches Leben im Osten Europas nach dem Holocaust« war ein Projekt, an dem ich fast vier Jahre lang gearbeitet hatte. Seit 1988 lebte ich in Budapest und war durch den ganzen damaligen Ostblock gefahren; den größten Teil meiner Zeit verbrachte ich mit Überlebenden des Holocaust. Wenn ich in Städten und Dörfern mit ihnen sprach, hielt ich mich über lange Zeiträume in einer jüdischen Welt auf, die nur noch in ihren Erinnerungen lebte, einer Welt, die in erster Linie von Deutschen zerstört worden war. Und während ich

.uschwitz. November 1989.

begann, große Achtung vor jenen zu empfinden (und nach wie vor empfinde), die in diesen Ländern wieder jüdische Gemeinden aufbauten, und während dieses Gefühl der Achtung wuchs, galt das Gegenteil für meine Gefühle gegenüber dem Land, der Sprache und dem Volk, das dieses Verbrechen begangen und organisiert hatte. Bis zu diesem Augenblick hatte ich mit niemandem im Bus gesprochen, und niemand hatte etwas zu mir gesagt. Während Galinskis Worte in meinen Ohren noch widerhallten, war mir das auch ganz recht.

Plötzlich wandte sich ein junger Photograph mir zu; auf englisch brach es geradezu aus ihm heraus: »Ich bin zum ersten Mal an einem solchen Ort. Ich habe in der Schule niemals etwas über den Holocaust erfahren, und meine Lehrer wollten nicht darüber reden!« Als er den überraschten Ausdruck in meinem Gesicht sah, fügte er hastig hinzu: »Ich habe gesehen, daß Sie in Birkenau diese kleine Kappe trugen, während der Rabbiner betete. Sie sind ... Israeli?« tastete er sich vor.

Überrascht schüttelte ich den Kopf. Ich sei Amerikaner, stotterte ich, »aber Jude«, fügte ich hinzu.

Ein anderer Photograph wandte sich mir zu und sagte ruhig: »Als wir unsere Lehrerin nach dem Holocaust fragten, sagte sie uns, wir müßten nur wissen, daß alles, was die Nazis taten, schrecklich war, und wir sollten einfach das Gegenteil tun. Dann fing sie an zu weinen, so daß wir nicht mehr nachfragten.«

Ein anderer setzte sich neben mich. »Mit Weinen konnte man die Kinder immer gut von Fragen nach dem Krieg abhalten«, empörte er sich. Einige Köpfe nickten zustimmend.

Es schien, als wolle jeder etwas sagen, aber die Worte, ob englisch oder deutsch, wollten nicht kommen. Dann begann ein junger Mann langsam. »Unser Lehrer ließ uns die »Todesfuge« auswendig lernen, von Paul Celan. Kennen Sie sie?«

Ich verneinte.

»Ich kann sie noch. Ich habe mir sogar ein Exemplar mitgebracht und sie heute morgen noch einmal gelesen.« Und aus dem Gedächtnis rezitierte er das ganze Gedicht und endete mit dem letzten niederdrückenden Vers:

»Schwarze Milch der Frühe wir trinken dich nachts / wir trinken dich mittags der Tod ist ein Meister aus Deutschland / wir trinken dich abends und morgens wir trinken und trinken / der Tod ist ein Meister aus Deutschland sein Auge ist blau / er trifft dich mit bleierner Kugel er trifft dich genau / ein Mann wohnt im Haus dein goldenes Haar Margarete/ / er hetzt seine Rüden auf uns er schenkt uns ein Grab in der Luft / er spielt mit den Schlangen und träumet der Tod ist ein Meister aus Deutschland / dein goldenes Haar Margarete / dein aschenes Haar Sulamith«

Der Pressebus fuhr weiter. Niemand sagte ein Wort. Endlich blickte der blonde junge Mann, dessen Namen ich niemals erfuhr, auf und sagte, indem er mich anstarrte: »Und ich bin also Deutscher.« Er machte eine Pause, und als ob er etwas erklären wolle, fügte er hinzu, »und vierundzwanzig Jahre alt. Verdammtes Deutschland. Und verdammt auch ich«.

Ich glaube nicht, daß ich in meinem ganzen Leben so bewegt und verwirrt gewesen war: Der einzige Jude in einem Bus voll junger Deutscher, die gerade mit diesem größten aller Verbrechen konfrontiert worden waren, begangen im Namen ihres Landes, vollbracht in der Sprache, in der ihre Mütter mit ihnen gesprochen hatten. Sie trugen an diesem Verbrechen ebensowenig Schuld, wie ich sein Opfer war. Aber die Verbindung – Deutscher und Jude – war offensichtlich da. Trotzdem konnte ich nichts sagen und blieb still.

Minuten später verließen wir am Flughafen von Krakau den Bus. Als habe uns der plötzliche Gefühlsausbruch verlegen gemacht, verabschiedeten wir uns hastig. Sie gingen zu einer mächtigen weißen Boeing, auf deren Rumpf »Luftwaffe« stand. Ich bestieg eine klapprige, graue Tupolew nach Warschau.

Zur gleichen Zeit, als ihr Flugzeug auf dem Flughafen Köln-Bonn landete, ging ich durch die verrußte polnische Hauptstadt, vorbei an den Überresten des Warschauer Ghettos bis zu der Wohnung, die ich für diesen Monat gemietet hatte. Während ich dort auf das Kochen des Teewassers wartete, beschriftete ich die Filmrollen: Auschwitz, Auschwitz, Birkenau, Birkenau. Ich verstaute sie in meiner Phototasche zusammen mit meinem deutschen Presseausweis für Auschwitz. Ich hatte kein Radio und keinen Fernseher und wünschte mir von Herzen, nicht allein zu sein. Aber ich war allein. Und als ich die Last, mich im jüdischen Viertel einer Stadt aufzuhalten, in der es fast keine Juden mehr gab, immer schwerer empfand, stellte ich mir selbst die Frage: Wie wird man fertig mit dem Holocaust?

Man wird es nicht. Niemals. Nicht die Juden, deren Kultur der mörderischen Ideologie der Nazis zum Opfer fiel. Nicht die Deutschen. Denn ich glaube: Wenn man

Helmut Kohl besucht als Bundeskanzler des noch geteilten Deutschlands das Vernichtungslager Auschwitz-Birkenau. In seiner Begleitung Heinz Galinski, der Vorsitzende des Zentralrats der Juden in Deutschland. November 1989.

ein Leben nimmt, tut man eben das. Das Leben, das du nimmst, begleitet dich auf ewig; selbst nach deinem Tod seid ihr noch verbunden. Heute und auf ewig wird Deutschland als das Land der Dichter und Denker bekannt sein, so wie das immer war. Aber es ist auch das Land der Massenmörder. Denn die Nazis gehören jetzt so unabänderlich zur deutschen Kultur wie Goethes Gedichte, bayerische Lederhosen und die Architektur Schinkels.

Dennoch beschäftigten mich die jungen Männer im Bus, die in Deutschland zuhause waren mit Frauen, Freundinnen und Müttern. In Deutschland: wo das Böse lag. Immer noch? Unterschieden sich die Menschen, denen ich begegnet war, von jenen, die nicht über die Vergangenheit reden wollten; von jenen, die die schrecklichen Taten begangen hatten; von jenen, die stumm zugesehen hatten und untätig geblieben waren? Hatten die Deutschen von heute aus dem Holocaust gelernt? Hatten sie etwas über den Holocaust gelernt? Nicht wenige Juden in Amerika und Israel hatten darauf eine einfache Antwort: nein. Aber ich war mir nicht sicher. Da wußte ich, ich mußte es selbst herausfinden.

Seit dieser Nacht beschäftigen mich nicht mehr so sehr die verübten Untaten, sondern die Folgen des Bösen und sein Erbe. Deshalb mußte ich dieses Buch schreiben.

Steine suchen

Grabmal des Philosophen Moses Mendelssohn auf dem alten Jüdischen Friedhof Große Hamburger Straße in Berlin. Juli 1991.

Am Tag meines Umzugs nach Berlin, im Juli 1991, kaufte ich mir ein Fahrrad. Am nächsten Tag, einem milden und sommergrünen Sonntag, verließ ich früh das Haus, einen Stadtplan in der Hand. Ich radelte an den Westberliner Büroblocks vorüber, vorbei am Führerbunker, durch das Brandenburger Tor, wo früher einmal die Mauer gestanden hatte. Nachdem ich die Karte zu Rate gezogen hatte, verließ ich die Allee Unter den Linden in Richtung Spandauer Vorstadt. Nach wenigen Minuten fand ich an der Großen Hamburger Straße, wonach ich gesucht hatte: den ältesten jüdischen Friedhof in Berlin.

Ich frönte einer Gewohnheit, die ich zehn Jahre früher entwickelt hatte, als ich mit der Arbeit in Mitteleuropa begann. Wenn ich in eine mir unbekannte Stadt kam, besuchte ich als erstes den jüdischen Friedhof, um ein Gefühl für die Gemeinde zu bekommen. Friedhöfe widerspiegeln ein Bild der Gemeinschaft, die sie anlegen, und in ganz Mitteleuropa zeugen jüdische Friedhöfe vom Kommen und Gehen der Weltreiche, vom Aufstieg des Nationalismus im 19. Jahrhundert, vom Optimismus der Jahrhundertwende, vom Ersten Weltkrieg, vom Holocaust und der Zeit danach. Berlins Ruheplätze machten da keinen Unterschied. Die vier Friedhöfe liegen über die Stadt verstreut; das war eine Tour für einen ganzen Tag.

In ein winziges Grundstück gequetscht, umgeben von zerfallenden Gebäuden, liegt Berlins erster jüdischer Friedhof. Keine Schilder weisen auf ihn hin. Schlimmer noch, die Nazis zerstörten die Grabsteine, so daß er jetzt nur noch ein Park ist, wo die Leute aus der Nachbarschaft ihre Hunde ausführen. Einen Stein jedoch hat man wieder aufgerichtet: den von Moses Mendelssohn.

Dieser Friedhof war im Jahre 1672 eingesegnet worden, ein Jahr nachdem Juden die offizielle Erlaubnis erhalten hatten, sich in Berlin niederzulassen. Fünfzig jüdische Einwohner waren damals registriert, in einer Stadt von 8150 Einwohnern, und die Spandauer Vorstadt lag außerhalb der Stadtmauern. Als hundertfünfzig Jahre später, 1827, das letzte seiner 2700 Gräber belegt war, lebten in Berlin mit seinen 230000 Einwohnern 4900 Juden. Inzwischen gab es keine Stadtmauern mehr, und die Spandauer Vorstadt war von der schnell wachsenden Stadt geschluckt worden.

Preußen war jetzt eine Weltmacht. In Frankreich war die Revolution gekommen und gegangen, genau wie Napoleon. Und so militaristisch die Herrscher Preußens waren, so waren sie doch widerstrebend tole-

ʷährend des Kalten Krieges lag Hitlers »Führerbunker« im Sperrgebiet der Berliner Mauer. Jetzt ist dieses Areal eine der größten Baustellen Europas. .uli 1991.

rant. Juden hatten in Berlin Freiheiten wie in keiner anderen norddeutschen Stadt, und die preußische Hauptstadt war auch dafür bekannt, Polen, französische Hugenotten und andere Flüchtlinge aufzunehmen.

Moses Mendelssohn war die beherrschende jüdische Persönlichkeit seiner Zeit. 1729 in Dessau geboren, war er mit vierzehn Jahren nach Berlin gekommen; dort lebte er bis zu seinem Tode im Jahre 1786. Obwohl er als Philosoph von der Aufklärung beeinflußt wurde, bleibt Moses Mendelssohn vor allem deswegen in Erinnerung, weil er als Jude lebte, der sich auf seine Umgebung einließ. Hier war ein Mann, der in eine orthodoxe jüdische Welt hineingeboren war; aber im Laufe seines Lebens wurde er zum lebenden Beispiel, wie Juden die Muster der Gesellschaft übernehmen konnten, in der sie lebten. Er öffnete sich der deutschen Kultur und der deutschen Sprache und hielt das Judentum für stark genug, dem Druck der christlichen, weltlichen Gesellschaft zu widerstehen. Das galt für ihn, aber nicht für seine Kinder. Sie konvertierten zum Christentum; Moses Mendelssohn war der letzte Jude seines Familienzweiges. Sein Grabstein, ganz allein unter den Bäumen eines deutschen öffentlichen Parks, spricht Bände.

Das quietschende Geräusch einer näherkommenden Straßenbahn erinnerte mich wieder an mein Vorhaben. Ich fuhr weiter bergan in die baumgesäumte Schönhauser Allee, wo ich vor einer hohen Ziegelmauer und einem Eisentor anhielt, das sich auf ein Gewirr von 22500 Grabsteinen öffnete. Die Nazis hatten sich nicht die Mühe gemacht, diesen Friedhof zu zerstören. Ich holte meine Jarmulke aus der Tasche, um meinen Kopf zu bedecken, als ein Friedhofsangestellter im Overall mit einem Schlüssel herbeigeschlurft kam.

Der Gemeindevorstand war 1827, als dieses Gelände mit seinen fünf Hektar eingeweiht wurde, vermutlich davon überzeugt, der Friedhof werde bis in das nächste Jahrhundert ausreichen. Sie irrten sich. Anfang der fünfziger Jahre lebten in Berlin 10000 Juden; weniger als zwanzig Jahre später waren es 36000. 1880 war dieser Friedhof, abgesehen von Familiengräbern, fast belegt. Manche Steine trugen nur hebräische Inschriften, aber bei vielen stand darunter ein deutscher Text. Die Juden begannen, Mendelssohns Empfehlung zu befolgen, aus der Isolation herauszutreten. Als Berlin schnell zu einer der am stärksten industrialisierten Städte Europas wurde, strömten Juden aus den preußischen Gebieten des ehemaligen Polen und von weiter östlich in diese aufblühende Stadt. Zehntausende ließen sich im Scheunenviertel nieder und brachten eine jiddische Welt mit, die sie nur geographisch hinter sich gelassen hatten. Aber viele von ihnen nutzten auch die Möglichkeiten, die ihnen die Stadt bot: im Wirtschaftsleben, in der Kultur und im Erziehungswesen.

Bald war ein Fünftel der Berliner Zeitungen im Eigentum von Juden. Die größten Rüstungsfabriken gehörten einer jüdischen Familie, und 16 Prozent aller Anwälte waren Juden. All dies spiegelte sich in den unterschiedlichen Grabsteinen. Die Reichen hatten an den Außenmauern eindrucksvolle Grabdenkmäler errichtet, und ganze Reihen waren ihnen vorbehalten. Die Mittelklasse, die Orthodoxen und die Armen dagegen kauften bescheidene Steine und füllten die inneren Flächen. Aber heute erzählen die Grabsteine eine andere Geschichte. Ohne Familien, die die Grabstellen pflegen können, erstickte der Friedhof fast unter Unkraut und Gesträuch. Darüber breiteten jahrhundertealte Ulmen ein dichtes Blätterdach aus.

Während der Jahre, in denen Berliner Juden ihre Liebsten hier zur Ruhe betteten, führte Kanzler Bismarck Krieg mit Österreich, um die preußische Hegemonie in der deutschen Welt zu begründen. 1870 führte er Krieg mit Frankreich. Das gab ihm die Möglichkeit, die verstreuten deutschen Fürstentümer, Königreiche, Herzogtümer und Staaten zu einem einzigen Reich zu vereinen, und zum ersten Mal in der modernen Geschichte war Deutschland geeint.

All dies zeigt sich in einem einfachen und eleganten Granitgrabmal – dem von Gerson von Bleichröder. Hier liegt der Bankier Otto von Bismarcks, der Mann, der die Kriege des Eisernen Kanzlers zu finanzieren half, dessen persönliche Finanzen betreute und ein ganzes Leben lang sein Vertrauter blieb. 1878 war ihr Verhältnis so gut, daß Bleichröder Bismarck bitten konnte, beim Berliner Kongreß seinen Einfluß auf Rumänien geltend zu machen, den Druck auf seine verarmte jüdische Bevölkerung zu mildern.

Gerson von Bleichröder war der erste Jude in Deutschland, der geadelt wurde, und die Bank, die seinen Namen trug, war im In- und Ausland hochgeachtet. Regierungen und Ministerien in der ganzen Welt suchten bei der Firma um Kredite nach. Aber obwohl er einer der reichsten Männer im neuen

Deutschen Reich war, mußte er – nicht als erster Jude – lernen, daß Geld nicht immer Macht zu kaufen vermag. Wie jeder andere Jude auch litt er unter Verunglimpfungen und Beleidigungen seines Namens und Ansehens und war dem ständigen Anwachsen des Judenhasses ausgeliefert, der selbst in Berlin durchaus hoffähig wurde. Als 1879 der hochangesehene Historiker Heinrich von Treitschke schrieb, »die Juden sind unser Unglück«, war der Antisemitismus in ganz Deutschland bereits zu einer ausgesprochen patriotischen Angelegenheit geworden.[1]

Die Schönhauser Allee ist inzwischen von Wohnhäusern gesäumt, die wegen jahrelanger Vernachlässigung unter dem Kommunismus verfallen. Sie liegt im Stadtbezirk Prenzlauer Berg, historisch ein Arbeiterviertel, das seit der Vereinigung in Mode gekommen ist. Ich fuhr durch die holperigen Straßen hinüber zur Greifswalder Straße und bog rechts ab in die Herbert-Baum-Straße. Dort bewachen massive schmiedeeiserne Tore den Eingang zum jüdischen Friedhof von Weißensee, der mitunter (jedenfalls in Berlin) als größter jüdischer Friedhof in ganz Europa bezeichnet wird.

Jetzt haben wir es geschafft, müssen die Gemeindeältesten gedacht haben, als sie 1880 die Tore öffneten. Eine elegante Trauerhalle liegt hinter einem gepflegten Garten. Bogenüberwölbte Säulengänge führen nach außen, von weißen Holzbänken gesäumt. Der Friedhof selbst erstreckt sich über vierzig Hektar, durchkreuzt von befestigten Alleen.

Um die Jahrhundertwende wuchs die jüdische Bevölkerung immer noch an, nicht nur hier in Berlin, wo 1910 über 150000 Juden lebten, sondern in ganz Deutschland. Während die Wirtschaft erstarkte und die deutschen Juden immer mehr offene Türen fanden (außer sozial – wenn sie nicht konvertierten), entwickelten sie einen gewaltigen Stolz darauf, Deutsche zu sein. Als sie im Ersten Weltkrieg aufgefordert wurden, ihrem Vaterland zu helfen, dienten 90000 Juden. 12000 fielen im Kampf. Dort im Herzen Weißensees liegt ein Soldatendenkmal zur Erinnerung an »unsere gefallenen Söhne«. In anderen Ländern gilt der Tod für das eigene Land als das höchste Opfer. Hier erwies er sich als höchste Ironie.

Während dieses Krieges war der Jude Alfred Ballin Berater des Kaisers in Marinefragen. Walter Rathenau half bei der Finanzierung der Rüstungsindustrie. Fritz Haber, der später den Nobelpreis erhielt, erfand das Nervengas für die deutsche Armee. Und während Ballin Selbstmord beging, als er 1918 von Deutschlands Kapitulation erfuhr, wurde Rathenau 1923 während seiner Amtszeit als Außenminister von Rechtsextremisten erschossen. Haber konvertierte zum Christentum, aber als die Nazis ihm 1933 sagten, er solle jüdische Wissenschaftler seines Instituts entlassen, weigerte er sich, emigrierte in die Schweiz und starb als gebrochener Mann.

Selbst an den heißesten Tagen fühlt man in Weißensee einen kühlen Hauch. Hier kommt man an so vielen Namen vorbei, die Berlin bis heute zu Glanz verholfen haben: Hermann Tietz von den Hertie-Kaufhäusern; Adolf Jandorf, sein Konkurrent, der das KaDeWe schuf; Leopold Ullstein, der Verlagsbaron; Berthold Kempinski von dem berühmten Restaurant und Hotel. Die Reichen und Mächtigen: Zeitungsverleger und Fabrikbesitzer, Bankiers und Geschäftsleute, Hausbesitzer und Anwälte – sie alle liegen hier. Ihre Grabsteine und Familienmausoleen sprechen Bände über ihren Stolz, und unter ihren Namen rühmen ihre Titel, wie weit es die deutsche Judenschaft nach Jahrhunderten der Isolation gebracht hatte: Wirtschaftsberater für den preußischen Thron, Mitglied des Finanzausschusses der Stadt Berlin, Richter, Staatsanwalt, Stadtverordneter.

Und auf den großen Flächen hinter diesen Steinmonumenten finden sich Zehntausende bescheidenerer Steine: die der Geschäftsinhaber, Angehörigen der freien Berufe, Arbeiter und Handwerker und von Frauen, die für Deutschlands Wirtschaft schufteten, Jahr für Jahr, Jahrzehnt für Jahrzehnt. Sie sparten, sie planten, sie träumten: in Deutschland.

Alles umsonst. Die Nazis kamen, und das jüdische Leben, das sich hunderte Jahre lang auf deutschem Boden entfaltet hatte, fand ein brutales Ende. Heute liegt dieser stolzeste aller Friedhöfe, dieses Monument auf vierzig Hektar Grund für das goldene Zeitalter der deutschen Juden, fast unter Efeu begraben. Grabsteine sind umgefallen, manche liegen von Pflanzen überwuchert. Viele Familiengräber blieben leer. Als ich das Unkraut wegriß, sah ich warum: Treblinka, Theresienstadt, Buchenwald.

Weißensees fünfzigjährige Geschichte endete mit dem Zweiten Weltkrieg; bis zu diesem Zeitpunkt waren dort 115000 Juden begraben worden. Eigenartigerweise blieb er unzerstört, und sogar noch während des Krieges wurden einige Begräbnisse durchgeführt.

Grabmal des Bankiers Gerson von Bleichröder auf dem Friedhof Schönhauser Allee. Juli 1991.

Grabkunst auf dem Jüdischen Friedhof Berlin-Weißensee. Juli 1991.

Auschwitz-Gedenkstätte auf dem Friedhof Heerstraße in Berlin. Juli 1991.

Während dieser Zeit perverser Ordnungsbesessenheit wurden schwerkranke Juden nicht aus dem Jüdischen Krankenhaus der Stadt deportiert, obwohl alle Ärzte, Verwaltungsangestellten und Schwestern abgeholt wurden. Wenn die Patienten starben, wurden sie hier begraben. Es wird erzählt, daß während der Kriegsjahre sich ein paar Juden monatelang in Weißensee verborgen hielten.

Der Kalte Krieg brachte es mit sich, daß Weißensee isoliert im kommunistischen Ostberlin lag. So war der Friedhof in den fünfzig Jahren nach dem Zweiten Weltkrieg von der kleinen jüdischen Gemeinde Westberlins abgeschnitten. Eine Ansammlung Grabsteine aus der Nachkriegszeit drängt sich hinter der Trauerhalle; sie gehören jenen wenigen, die unter den Kommunisten in Ostberlin lebten. Es waren niemals mehr als einige Hundert, und Weißensee verfiel. Ein paar Vandalen stiegen über die Mauern, um den einstmals stolzen und nun wehrlosen Toten die kupfernen Lettern zu rauben oder die schweren Ketten und Bronzeplaketten davonzukarren.

Ich ging stundenlang über den Friedhof und hielt gelegentlich an, um in dieser ausgedehnten Nekropole mit ihrem üppigen Grün ein paar Photos zu machen. Am späten Nachmittag zeigte mir der ältere Verwalter auf dem Stadtplan den Friedhof, den die Westberliner Gemeinde während des Kalten Kriegs benutzt hatte – zehn Kilometer weiter westlich.

Schnell verpackte ich meine Kameras und begann die Fahrt quer durch die Stadt.

Ich gelangte zu dem bescheidenen Eingang des kleinen jüdischen Friedhofs an der Heerstraße, als der Wächter gerade schließen wollte. Er war ein geduldiger Mann und ließ mir Zeit für einen Rundgang.

Der Kontrast zu den drei Friedhöfen, die ich zuvor gesehen hatte, war offensichtlich: eine ordentliche kleine Begräbnisstätte, wo im Sommer Sprinkler zischen und neun Gärtner die 4600 Steine von Unkraut frei halten. Das erste Grab wurde 1955 ausgehoben, aber die auffallendsten Steine erinnern an namenlose Juden, die in Todeslager gebracht wurden. Hier gibt es keine riesigen Marmormausoleen, kein Gefühl des Optimismus, in Deutschland ein Jude zu ein. Gab es denn heutzutage überhaupt noch so etwas wie deutsche Juden, fragte ich mich, als ich über den weißen Kies ging. Die meisten Juden schienen hier nein zu sagen. Viele Deutsche sagten ja. »So können wir jetzt endlich wirklich deutsche Juden sein«, schrieb nach dem Holocaust der in Berlin geborene Gershom Scholem bitter in seiner Wohnung in Jerusalem. »Es ist, als hätte man uns posthum einen Preis verliehen.«

1 Vgl. Stern, Fritz: Gold and Iron. Bismarck, Bleichröder and the Building of the German Empire, New York 1977.

Denkmal für die jüdischen Soldaten, die im Ersten Weltkrieg für Deutschland fielen. Jüdischer Friedhof Berlin-Weißensee. Juli 1991.

Stadtausgabe
JÜDISCHES WOCHENBLATT
Nr. 5. 11. Jahrgang
Köln, Berlin, Frankfurt, 2. Februar 1933 — ז' שבט תרצ"ג
Einzelnummer 20 Pfg.
Reichskanzler: Adolf Hitler!
Unsere Devise: Festigkeit und Ruhe
Kein Grund zur Panik

Vertreibung

In Berlin nach dem Ersten Weltkrieg hatten Alfred und Henny Alexander allen Grund zu glauben, daß ihre Kinder Elsie, Hans und Paul die Welt genießen würden, die ihre Eltern für sie aufbauten. Fünfundsechzig Kilometer weiter östlich, in Küstrin, arbeiteten und sparten Arthur und Henrietta Hirschberg, damit ihr Sohn Louis Jura studieren konnte (wovon er träumte). Und in Krefeld am Rhein waren Carl und Martha Meyer voller Zuversicht, daß ihre harte Arbeit ihren Töchtern Ruth und Ilse eine gesicherte Zukunft gewährleisten würde.

Der Kaiser dankte ab, Weimar wankte, und der Antisemitismus nahm zu. Aber diese Familien waren in Deutschland verwurzelt, und das nicht ohne Grund. Die Alexanders, Hirschbergs und Meyers hatten seit Generationen auf deutschem Boden gelebt. Arthur Hirschberg war im Ersten Weltkrieg für Deutschland verwundet, Alfred Alexander mit dem Eisernen Kreuz ausgezeichnet worden.

Dann versperrte ihnen die Geschichte im Braunhemd ihren Weg. Ihre Kinder mußten um ihr Leben fliehen. Die Alexanders und die Meyers folgten ihnen. Arthur und Henrietta Hirschberg waren jedoch erleichtert, als ihr Sohn in Sicherheit war und suchten erst nach einer Ausreisemöglichkeit, als es zu spät war; zuhause warteten sie dann auf das Klopfen an der Tür, das mit Sicherheit kommen würde.

Heute heißt die Straße, wo die Alexanders lebten, Bundesallee. Nachdem die Bomben der Alliierten 1943 – 45 einen großen Teil der Straße dem Erdboden gleichgemacht hatten, wurde sie mit unauffälligen Wohnblocks wiederaufgebaut. Aber um die Jahrhundertwende, als dies die Kaiser-Allee war, gab es hier prächtige Eingänge mit Marmorsäulen an beiden Seiten. Türhüter standen in getäfelten Empfangshallen und verkündeten die Ankunft der Gäste. In dieser Welt lebten Elsie, Hans und Paul. Elsie war 1913 geboren; die Zwillinge folgten vier Jahre später.

»Die Arztpraxis unseres Vaters war mit unserer Wohnung verbunden«, erzählte mir die lebhafte, zweiundachtzigjährige Elsie 1995 in ihrer Londoner Wohnung beim Kaffee. »Insgesamt waren es zweiundzwanzig Räume, von denen acht zur Praxis gehörten.« In der Wohnung kümmerte sich eine Köchin um den Einkauf und besorgte die Küche. Zwei Mädchen, Ilsa und Hilda, hielten den Haushalt sauber. Zum Waschen und Bügeln kamen Frauen ins Haus, die mit Waschkörben beladen hinein- und hinauseilten. Die Gouvernante Anna kümmerte sich um Hans und Paul, während Robert, der Chauffeur, dafür sorgte, daß die Mercedes-Limousine und Dr. Alexanders Adler immer fahrbereit und poliert waren. Im Sommer packten die Alexanders und zogen in ihr Häuschen am See im Süden der Stadt. Am Ende der heißen Jahreszeit, wenn die Eltern allein in Italien Urlaub machten und Elsie mit Freunden verreist war, nahm Anna Hans und Paul mit in ihr Heimatdorf, wo sie auf dem Bauernhof der Familie mithalfen und auf dem Feld spielten.

Sie führten ein privilegiertes Leben und waren sich dessen auch bewußt. »Damals gab es einen Unterschied zwischen deutschen Juden und jüdischen Deutschen«, sagte Elsie. »Wir waren das letztere. In unserer Familie war jüdisch unser Glaube. Wir aber waren Deutsche.« Sie machte eine Pause und artikulierte das nächste Wort langsam und mit Nachdruck.

Nach Hitlers Machtergreifung im Januar 1933 mahnte das in ganz Deutschland verbreitete »Jüdische Wochenblatt« zur Besonnenheit und gab die Devise aus: »Festigkeit und Ruhe. Kein Grund zur Panik.« Professor Horst Matzerath im NS-Dokumentationszentrum der Stadt Köln. Oktober 1992.

»Waren.« Sie erhob sich, ging zum Fenster und schaute hinaus über ihren Balkon in den verregneten Herbstmorgen.

»Wir waren Dreitage-Juden, das heißt, wir gingen nur an den Hohen Feiertagen in die Synagoge, wenn auch jede Woche eine Hauslehrerin ins Haus kam, Fräulein Kaplan, die uns Hebräisch beibrachte. In meiner Privatschule im Grunewald bekamen wir drei jüdischen Mädchen gesonderten Unterricht, wenn die anderen christlichen Religionsunterricht hatten.« Hans und Paul gingen in der Nähe der Wohnung zur Schule, und ihr Vater hatte einen Rabbiner engagiert, damit er ihnen zweimal in der Woche beibrachte, wie man einem Gottesdienst folgt und hebräisch liest.

In den zwanziger Jahren, während die Zwillinge noch Streiche ausheckten, konzentrierte sich ihre große Schwester auf ihre Studien, denn sie wollte Journalistin werden. Sie begann ihr Studium an der Friedrich-Wilhelm-Universität (der heutigen Humboldt-Universität). Doch plötzlich fand die dreiundzwanzigjährige Studentin alle Türen zugeschlagen. Man schrieb 1935, das Jahr, in dem die Nürnberger Gesetze den Juden ihre Bürgerrechte nahmen. »Es war aus, und ich nahm eine Arbeit beim Jüdischen Kulturbund an. Wie andere freute auch ich mich über das Wiederaufleben des jüdischen Lebens in Deutschland. Und es war wirklich ein Wiederaufleben, weil all unsere Energien sich jetzt nach innen richteten. Rabbiner wie Joachim Prinz und Max Nussbaum hielten mitreißende Predigten, zu denen wir alle zusammenkamen. Es gab wunderbare Konzerte in der Synagoge an der Oranienburger Straße, und einige der besten Schriftsteller und Wissenschaftler des Landes hielten Vorträge. Es war eine zweite Blüte der Kultur, aber wir glichen auch Menschen, die auf dem Friedhof pfeifen, um sich Mut zu machen.« Und obwohl jeder Jude in Deutschland mitansah, was auf den Straßen passierte, die Stimmung in den Zeitungen wahrnehmen konnte und im Radio Haßtiraden hörte, konnte oder wollte nicht jeder den Schritt vollziehen, den Elsie bald machen sollte.

Sie rutschte an den Rand ihres Stuhls. »Der Boykott der jüdischen Geschäfte – das waren die ersten Signale. Die Nazis schlugen die Schaufenster ein, und sie standen vor den jüdischen Geschäften, Anwaltsbüros und Arztpraxen und verboten den Leuten hineinzugehen. Wir hatten Glück, weil der kommandierende Offizier meines Vaters aus dem Krieg ein richtiger deutscher Offizier war. Er mochte meinen Vater sehr und kam und stellte sich direkt vor die Tür, damit nichts passierte.«

Bald darauf heiratete Elsie Eric Harding. Er arbeitete im Leder- und Pelzgeschäft seines Vaters. Während der Olympischen Spiele 1936 wollten die Nazis die Proteste aus dem Ausland beschwichtigen und gaben den Juden ihre Pässe zurück, die sie vorher beschlagnahmt hatten. Eric Harding fuhr daraufhin geschäftlich nach London und sagte Elsie, er werde auf dem Rückweg Verwandte in Holland besuchen. »Nach seiner Abfahrt wurde ich den Gedanken nicht mehr los, daß man nach den Spielen unsere Pässe wieder einziehen würde«, erzählte Elsie Harding. Und so besprach die lebhafte junge Frau, ohne ihrem Mann etwas zu sagen, die Situation mit ihren Eltern, packte ihre Sachen und nahm einen Zug nach Utrecht. »Eric fand mich im Haus meines Vetters und fragte: ›Warum bist du mit so vielen Koffern gereist?‹ Und ich sagte: ›Es ist keine Reise. Ich habe das Land verlassen.‹ Er starrte mich an, und ich wußte damals so genau wie auch heute noch: Dieser Mann hätte Deutschland niemals verlassen.«

Innerhalb von zwei Jahren gelang auch Elsies Brüdern und Eltern die Ausreise; die Familie richtete sich in London ein. Die Dienstboten in Berlin packten sorgfältig alle Möbel, das Porzellan und Kristall und schickten alles nach England. Einige kamen mit den Möbeln und halfen beim Auspacken; danach fuhren sie unter Tränen nach Hause zurück. Im Alter von sechzig Jahren lernte Elsies Vater Englisch. Vier Jahre später bestand er sein Examen und eröffnete eine Arztpraxis.

Elsie Harding starrte auf den Teppich, dann auf mich. »Aber schauen Sie, Sie müssen eines berücksichtigen. Glauben Sie ja nicht, die deutschen Juden seien deshalb geblieben, weil sie geglaubt hätten, die Lage würde sich bessern, oder weil sie den Deutschen trauten. Sie blieben aus dem allereinfachsten Grund: wegen ihrer Eltern. Die über Sechzigjährigen konnten es nicht über sich bringen, zu gehen. Meine Eltern bildeten da eine Ausnahme. So viele andere, so schrecklich viele andere«, sagte sie still, »hatten nicht unser Glück.«

Elsie Harding schaute hinaus in den Londoner Nebel. »Sehen Sie das Haus da drüben durch die Bäume? In der obersten Etage lebt ein Mann, mit dem ich damals in Deutschland die Tanzschule besuchte.

Seine Familie hatte kein Glück. Und da drüben, gerade hinter der Finchley Road, lebt Louis Hirschberg. Er blieb noch viel länger als ich.«

Das tat er wirklich und wünschte, er hätte es nicht getan. Einige Wochen später, am 9. November, dem siebenundfünfzigsten Jahrestag des Nazipogroms, das man als Kristallnacht kennt, begrüßte mich der dreiundachtzigjährige Louis Hirschberg in einer bescheidenen Wohnung in Greencroft Gardens. Während seine Frau sich in der Küche zu schaffen machte und Tee zubereitete, legte er ein paar hebräische Bücher auf dem Tisch in seinem Arbeitszimmer zurecht. Ein neuer Schüler wurde erwartet. In den letzten zwanzig Jahren hat Hirschy, wie er genannt wird, fast jeden jüdischen Jungen in der Synagoge am Belsize Square auf die Bar Mizwa vorbereitet und dafür gesorgt, daß an dem großen Tag die Eltern Grund zum Lächeln hatten, die Großeltern versonnen dreinschauten und Rabbi Rodney Mariner erleichtert aufatmete.

Elsie Alexander Harding in ihrer Londoner Wohnung. November 1995.

Als Louis selbst alt genug für die Bar Mizwa war, lebte er weit entfernt von Greencroft Gardens in der malerischen Stadt Küstrin, die heute zu Polen gehört. Auf beiden Seiten der Flüsse Oder und Warthe gelegen, wurde die Stadt von einer Festung dominiert. Hier war der junge Friedrich der Große 1730 von seinem Vater eingesperrt worden. 1806 stand Napoleon nach seinem Sieg über Preußen auf ihren Mauern.

Zur Jahrhundertwende hatte Küstrin 25000 Einwohner, davon fünfundzwanzig Juden. Louis Hirschberg war 1912 als der jüngere von zwei Söhnen von Arthur und Henrietta geboren worden. »Wir waren vollständig in unsere Umwelt integriert, lebten aber doch auch getrennt. Zwar war der Leiter der Jüdischen Gemeinde zugleich auch Stadtverordneter und Vorstand der lokalen Jagdgesellschaft und mein Vater der Schatzmeister des Verbandes Ehemaliger Frontkämpfer, doch wir spürten und empfanden den Antisemitismus. Ich weiß noch, wie ich in der Schule verprügelt und als ›dreckiger Jude‹ beschimpft wurde, und in Erinnerung blieben mir weniger die Prügel als der Schuldirektor, der alles mitansah, sich dann abwandte und weiterging.«

Arthur Hirschberg hatte direkt nach dem Ersten Weltkrieg ein kleines Textilgeschäft von Josef Levy gekauft. Der Laden überstand die abrupte Geldentwertung und Inflation der zwanziger Jahre; Arthur Hirschberg baute ihn zum größten Kaufhaus der Stadt aus. Anfang der dreißiger Jahre war es ein rechtes Schmuckstück, mit sieben großen Schaufenstern zum Hauptplatz hin. Arthur Hirschberg besaß eine Limousine mit Chauffeur, mit der er alle paar Tage nach Berlin fuhr, wo er einen zweiten, kleineren Laden in Köpenick betrieb.

In einer so kleinen Gemeinde war es nicht einfach, ein jüdisches Leben zu führen, aber alle gaben sich Mühe. Es gab Sabbatgottesdienste mit Kantor Loewy, und an den Festtagen kam ein reisender Rabbiner. Kantor Loewy war zugleich der Schochet, der rituelle Schlächter der Gemeinde, und Louis und sein Bruder Werner gingen gerne mit ihm zum Schlachthof, wo die Gemeinde ein paar Kühe hielt. Während der Feiertage mieteten Küstrins Juden den größten Saal des besten Hotels. Von den Deckenbalken hingen glitzernde Dekorationen. Louis' Mutter und ihre Freundinnen kochten und buken tagelang koschere Gerichte. Die Kinder wurden auf die Bühne geschickt, um hebräische Lieder zu singen, die sie wochenlang geübt hatten. Ein gemietetes Tanzorchester spielte bis spät in die Nacht, und die jüdischen Familien aus den umliegenden Dörfern kamen zu diesem Anlaß in die Stadt.

Louis und seine Freunde gingen pflichteifrig dreimal pro Woche zu ihrem Hebräischlehrer, und als Louis das Gymnasium abgeschlossen hatte, wollte er Jura studieren. Doch es war nicht mehr möglich. An der juristischen Fakultät wurden die Studenten so radikal und rechtsgerichtet, »daß ich es einfach nicht mehr aushielt«, sagte er mit einem Schauder. Bald gab es nicht einmal mehr die Möglichkeit, die Universität zu besuchen. 1936 nahm Louis Hirschberg in Berlin eine kleine Wohnung und begann privat Latein- und Französischunterricht zu geben, um sich über Wasser zu halten. Mittlerweile korrespondierte er auch mit Freunden im Ausland über seine Ausreise aus Deutschland.

In Küstrin mußte sein Vater mit ansehen, wie die Nachbarn begannen, Nazifahnen aus den Fenstern zu hängen. Nach dem Boykott, bei dem ein paar Steine durch die Fenster des Ladens geflogen waren und die jüdischen Nachbarn anfingen, Landkarten zu studieren, Briefe zu schreiben und unauffällig zu verschwinden, begann Arthur Hirschberg seine Besitztümer zu verkaufen. Als erstes wurde der Laden in Küstrin verkauft. Die Dienstboten mußten entlassen werden. Auch das Auto verschwand. Währenddessen wurde die Atmosphäre in der Stadt immer feindseliger. Als fast all ihr Besitz verkauft war, nahmen die Hirschbergs einen Zug und flohen in die Anonymität Berlins. Sie mieteten eine kleine Wohnung in der Regensburger Straße. »Es war rührend«, sagte Louis. »Nach jedem Verkauf gab mein Vater eine Spende an die zionistischen Organisationen, die junge Deutsche für das Leben in Palästina ausbildeten und sie finanziell unterstützten. Er wurde ein großer Anhänger des Zionismus und sprach begeistert darüber, aber er selbst konnte es nicht über sich bringen zu fahren. Es war ihm einfach nicht möglich.«

Louis korrespondierte fortlaufend mit Freunden, um Bürgen im Ausland zu finden. Sein Bruder war bereits nach Australien abgereist; schließlich erklärte sich ein alter Bekannter bereit, ihm in England zu helfen. Es war Herbst 1938 und die Dokumente waren mit der Post unterwegs. Aber bis zum 9. November waren sie noch nicht eingetroffen. »Ich fuhr mit der S-Bahn durch die Stadt – es war gerade um diese Tageszeit, später Vormittag, an einem Tag wie heute.« Er lächelte etwas. »Ich sah Rauch aus der Richtung der Synagoge in der Oranienburger Straße aufsteigen und konnte nur noch an meine Eltern denken. Ich eilte zu ihrer Wohnung, aber es war niemand da. Als ich gerade wieder gehen wollte, klopfte es an die Tür.

Er war in Zivil, ein ganz normaler Beamter, und er hatte ein Stück Papier in der Hand. Er fragte, wer ich sei, und ich sagte es ihm. Er sah mich an. Ich sah ihn an. Ich stand nicht auf seiner Liste. Aber ich trug den richtigen Namen, und er sagte ruhig: Kommen Sie bitte mit. Und dann fügte er fast sanft hinzu: ›Haben Sie einen Wintermantel? Dann sollten Sie ihn besser anziehen.‹«

Louis Hirschberg folgte dem Mann zum Wilmersdorfer Rathaus. Er wurde mit mehreren anderen jüdischen Männern auf einen Lastwagen geladen und in das Gestapo-Hauptquartier gebracht. Eine Karawane von Lastwagen wartete schon.

»Das war ein Anblick: Männer in Hausschuhen, ohne Schuhe, ohne Brille. Junge Männer, Männer mittleren Alters, ganz alte Männer. Überall stand SS herum, und sie prügelten uns auf die Lastwagen und verschlossen sie. Wir fuhren durch die Stadt, zusammengepfercht wie Sardinen. Kein Licht, völlige Dunkelheit, und es war der reine Horror – nicht zu wissen, wohin wir fuhren. Wir fuhren immer weiter. Wir hörten Straßenbahnen, also waren wir noch in Berlin. Dann waren keine Straßenbahnen mehr zu hören und die Lastwagen fuhren schneller. Plötzlich hielten die Wagen an und dann kamen das Gebrüll und die Gewehrkolben, und wir wurden alle wie Vieh hinausgetrieben. Wir waren in Sachsenhausen.«

Etwa 12000 Juden, die meisten aus Berlin, wurden in den nächsten Tagen in dieses Lager gebracht (weitere 13000 wurden nach Buchenwald und Dachau geschickt). Sie wurden etwa einen Monat gefangen gehalten, gefoltert und unvorstellbar mißhandelt. Männer mußten im Entengang laufen, bis sie zusammenbrachen, dann wurden sie zu Tode getrampelt. Manche wurden mit Knüppeln geschlagen, bis ihr Schädel brach, andere in luftdichten Behältern erstickt. Louis Hirschberg sagte: »Jeden Tag schlug und trat uns die SS und schickte uns hinaus zur Arbeit, wo wir einen Kanal ausschachten mußten, knochenbrechende, mörderische Arbeit. Alte Männer brachen einfach zusammen und starben; einen von ihnen trug ich als Leichnam in meinen Armen zurück ins Lager.

Dort war ein älterer Mann namens Kohn, ein Mathematiker. Er hatte einen Kropf, und die Wachen machten sich einen Spaß daraus, ihn zu quälen und ihm ein Bein zu stellen. Der arme Mann fiel immer wieder hin, und sie machten immer weiter. Nach einigen Tagen schließlich kam er nicht wieder hoch und lag wimmernd am Boden. Ein Wächter zeigte auf mich und schrie, ›du da, zieh ihn an den Ohrläppchen hoch‹. Ich tat so, als verstünde ich ihn nicht und fragte mich, was jetzt passieren würde. Aber der Wächter verlor das Interesse. Dr. Kohn starb.«

Louis Hirschberg erteilt Bar-Mizwa-Unterricht in seiner Londoner Wohnung. November 1995.

Eines Nachts erfuhr Louis Hirschberg, daß sein Vater in Sachsenhausen war. »Ich dachte, er habe all dem entfliehen können, aber das stimmte nicht, und obwohl man zwischen den Baracken nicht umhergehen durfte, kroch ich heimlich herum, bis ich ihn fand.«

Arthur und Louis Hirschberg sahen einander an. Ihre Köpfe waren geschoren. Sie trugen Gefängniskluft. Vater und Sohn sprachen einige Minuten flüsternd miteinander. Dann kroch Louis zwischen den patrouillierenden SS-Wachen davon, wartete ab, versteckte sich, schwitzte und rannte zurück zu seiner Pritsche. Louis Hirschberg wußte nicht mehr, war nicht in der Lage sich zu erinnern, worüber sie sprachen. Er sagte nur: »Damals sah ich meinen Vater zum letzten Mal.«

Nach drei Wochen begann die SS, Gefangene in Gruppen von fünfzig Mann pro Tag freizulassen. Louis Hirschberg gehörte zu einer der ersten Gruppen. Er packte seine Kleider zusammen und nahm in Oranienburg die S-Bahn. Er fuhr zusammen mit einem Rabbiner aus Mecklenburg und dem Geschäftsführer des Kaufhauses Tietz nach Berlin. Sie saßen beieinander, sagten kein Wort, starrten ins Leere. Sobald sie in der Stadt waren, nahmen sie drei verschiedene U-Bahnen. Louis fuhr zur Wohnung seiner Mutter. In der U-Bahn ging ein Mann auf ihn zu, holte aus und schlug ihn. Wie damals der Schuldirektor in Küstrin schauten alle im Zug weg, aber diesmal war Louis Hirschberg kaum mehr überrascht. »Ich ging direkt zu meiner Mutter. Meine Papiere für England waren gekommen. Ich küßte sie zum Abschied, ging heim, zog mich um und verließ Deutschland.«

Arthur Hirschberg wurde ein paar Tage später aus Sachsenhausen entlassen. Er und seine Frau blieben bis 1942 in Berlin; dann wurden sie abgeholt und ins Ghetto von Riga deportiert. Kurz vor ihrer Abfahrt schrieben sie Louis, um ihm zu sagen, wie froh sie waren, daß er hatte entkommen können. In Riga wurden die meisten deutschen Juden von Deutschen erschossen, die in der SS dienten. Und einer dieser deutschen Juden war der Schatzmeister des Verbandes Ehemaliger Deutscher Frontsoldaten in Küstrin.

Ruth Meyer erinnert sich an den Umzug in das moderne neue Haus der Familie in Krefeld, Deutschlands führendem Textilzentrum. Die Wohnzimmereinrichtung war auf die Täfelung der Wände abgestimmt. Die Küche blitzte nur so vor modernen Geräten. Das Bad hatte geheizte Handtuchhalter und eine besondere Kabine, wo man sich im Winter bräunen konnte. In der obersten Etage öffneten sich die Schlafzimmer der Kinder auf ein eigenes Spielzimmer, und im Erdgeschoß blickte man aus einem verglasten Wintergarten auf einen gepflegten Rasen.

Ruths Vater Karl war Generalvertreter einer Schuhfabrik und arbeitete zuhause. An den Abenden saß Ruths Mutter im Wohnzimmer und las Goethe, ihren Lieblingsautor, oder studierte die Libretti von Opern, die sie sehen wollte. Dienstboten kochten die Mahlzeiten und besorgten das Haus. Ruth und ihre Schwester Ilse besuchten das Französische Lyzeum, und zuhause kümmerte sich eine Gouvernante um die Bedürfnisse der Mädchen. Aber am liebsten mochte Ruth den Chauffeur Hans Aretz. In ihrer Küche in einem Vorort von Los Angeles erinnert sie sich mit Zuneigung an den Mann. »Er war so hübsch, so elegant. Ich saß oft bei ihm, um mich mit ihm zu unterhalten. Er hieß immer Herr Aretz. Und ich war immer Fräulein Meyer.« Ruth errötete. »Er brachte mir sogar bei, wie man richtig raucht.« Nach den Nürnberger Gesetzen durfte das deutsche Personal nicht mehr für die Familie arbeiten.

Als die Nazis an die Macht kamen, weigerte sich Karl Meyer, über eine Flucht aus Deutschland auch nur zu reden. Nach den Boykotten und den Nürnberger Gesetzen sagte er ebenfalls nein. Selbst an dem Morgen, an dem er erfuhr, daß die große Krefelder Synagoge in der »Kristallnacht« gebrannt hatte, versuchte er fest zu bleiben. »Er sagte, ›Ich habe gerade im Radio gehört, daß alles vorbei ist und wir uns keine Sorgen mehr machen müssen. Die Deutschen werden so etwas nicht zulassen!‹ Aber um sicher zu gehen, beschloß er, daß wir in dieser Nacht nicht daheim bleiben sollten.«

Und in dieser Nacht kamen die Nazis. Zuerst rissen sie die Wasserleitungen in den oberen Stockwerken heraus. Während das Wasser über die Teppiche und die Treppen hinunterfloß, machten sie sich mit Hämmern und Äxten ans Werk. Als sie im Morgengrauen das Haus verließen, war jedes Möbelstück, jedes Glas, jede Tasse und jedes Fenster zerschlagen, zerbrochen, zerstört. Noch immer lief das Wasser durch die Wände und auf die Straße.

Als die Familie die Trümmer durchsuchte und Karl Meyer klar wurde, daß er sich nur selbst etwas vorgemacht hatte, kam ihr ehemaliger Chauffeur Hans Aretz. Von diesem Augenblick an, während die Meyers ihre Flucht aus Deutschland planten, machten sich Aretz und seine Frau daran, ihnen heimlich zu helfen. Zunächst wurden Ruth und ihre Schwester bei den Aretz' untergebracht. Dann fuhr Herr Aretz die zertrümmerte Einrichtung des Hauses ab. Es waren elf Lastwagenladungen. Frau Aretz fuhr mehrmals nach Holland, in ihrer Handtasche und um den Hals das Silber und Gold und den Schmuck der Meyers. Sie fuhr immer wieder, bis sie nicht mehr wagte, noch ein weiteres holländisches Visum in ihren Paß eintragen zu lassen.

Die Meyers telefonierten, schrieben Briefe und sammelten Tips über die Flucht. Im Frühsommer 1939 entdeckte Ruth eine Anzeige. »Sie suchten Hausangestellte in England. Ich bewarb mich über eine Agentur und bekam die Stelle. Ich gab ein falsches Alter an – ich war siebzehn, nicht neunzehn –, aber jedenfalls bekam ich das Visum. Die ganze Familie war glücklich, daß ich als erste draußen sein würde.« Kurz bevor sie abfuhr, wurde ihr Vater verhaftet und ins Gefängnis geworfen. Er hatte einen Teil des Familiensilbers einem Freund mitgegeben, damit der es aus Deutschland herausschmuggelte, und der Freund war gefaßt worden und hatte gestanden. Entsetzt

Das Leo-Baeck-Institut in New York, ein Zentrum für die Erforschung der deutsch-jüdischen Geschichte. März 1995.

erfuhr die Familie, Karl Meyer dürfe nur dann das Land verlassen, wenn er eine Einladung und ein Visum für ein anderes Land vorweisen könnte. Nun würde ihn seine siebzehnjährige Tochter retten müssen.

»Ich nahm einen Zug nach Holland. An der Grenze bemerkte ich plötzlich, in welchen Schwierigkeiten ich war. Die deutsche Grenzpolizei überprüfte jedes einzelne Datum, jede Seite jedes Dokuments, und in meinem Visum war mein Alter mit neunzehn angegeben.« Allein in ihrem Abteil, war Ruth so verschreckt, daß ihr nur einfiel, sich schlafend zu stellen und den Kopf zur Wand zu drehen. Der deutsche Beamte zog die Tür auf und starrte sie an.

»Und da hörte ich ein ›Raus!‹« Als Ruth aufsah, merkte sie, daß da nicht der Deutsche schrie. Hinter ihm stand ein holländischer Grenzpolizist. Der Zug fuhr bereits; der Deutsche wurde weggejagt, und Ruth ließ sich erleichtert in den Sitz zurückfallen. Sie war in Sicherheit.

Nach kaum einer Woche meldete sich die einstmals wohlhabende, nun verarmte, französischsprechende Siebzehnjährige als Hausangestellte bei Bauern in der Nähe von Friton-on-Sea. Die Familie merkte ziemlich schnell, daß sie hier keine gewöhnliche Hausangestellte vor sich hatte. Ruth traf mit elf zueinander passenden Koffern ein.

Ruth, das reiche Mädchen, war jetzt Ruth, die Putzfrau. Innerhalb von drei Tagen erwies sie sich als solche Katastrophe, daß die Eigentümer des Hauses sie hinauswerfen wollten. Aber aus ihrem Inneren entwickelte sie eine Kraft, von der sie zuvor nichts gewußt hatte. Sie sagte, sie brauche noch eine Chance. Sie versprach, sie werde sich ändern. Die Familie gab nach.

Am nächsten Tag fuhr sie nach London ins Bloomsbury House, wo eine jüdische Organisation bei zehntausenden deutsch-jüdischen Anträgen auf Visa und Unterstützung half. Ruth mußte sich durch die Menge zu einem Schalter drängen, und dort sagte man ihr, sie solle einen Antrag für ihre Eltern ausfüllen, man werde sich schriftlich mit ihr in Verbindung setzen.

»Schriftlich?« Ruth sagte, sie brauche sofort Hilfe. Doch man schickte sie weg. »Aber ich kann nicht einfach so gehen«, stammelte sie.

Ruth stolperte nach draußen. Sie versuchte nachzudenken, und ihr fiel nur eines ein: Sie setzte sich einfach auf die Treppe. Als um 17 Uhr alle Antragsteller gegangen waren und der abendliche Stoßverkehr mit Taxis und Bussen vorbeidröhnte, sahen die Angestellten verblüfft auf den Stufen ein junges Mädchen warten. Was machst du hier, Kind?

Ruth schaute sie an und verkündete ihren einfachen Plan, wie sie ihren Vater aus dem Gefängnis und ihre Familie aus Deutschland herausholen wollte. »Ich werde anfangen zu schreien«, sagte sie zu ihnen, »und ich werde solange hier sitzenbleiben und schreien, bis die Polizei mich abholt oder die Leute sich fragen, was Sie mit mir tun, oder bis Sie diese Tür aufmachen und mir helfen, meine Eltern aus Deutschland herauszuholen!« Jemand kramte nach seinem Schlüssel.

Zwei Wochen danach, Mitte August 1939, stiegen Karl, Martha und Ilse Meyer in Krefeld in einen Zug und nahmen dann ein Schiff von Holland nach England. Vier Tage später fiel Deutschland in Polen ein, der Krieg war erklärt, und die Grenzen wurden geschlossen. Für die meisten in Deutschland zurückgebliebenen Juden war damit ihr Schicksal besiegelt.

Redaktionsbüro des »Aufbau«. Jüdische Emigranten aus Deutschland gründeten in New York diese deutschsprachige Tageszeitung, die in den vierziger Jahren 60 000 Abonnenten hatte. 1995 war die Abonnentenzahl unter 6000 gesunken. März 1995.

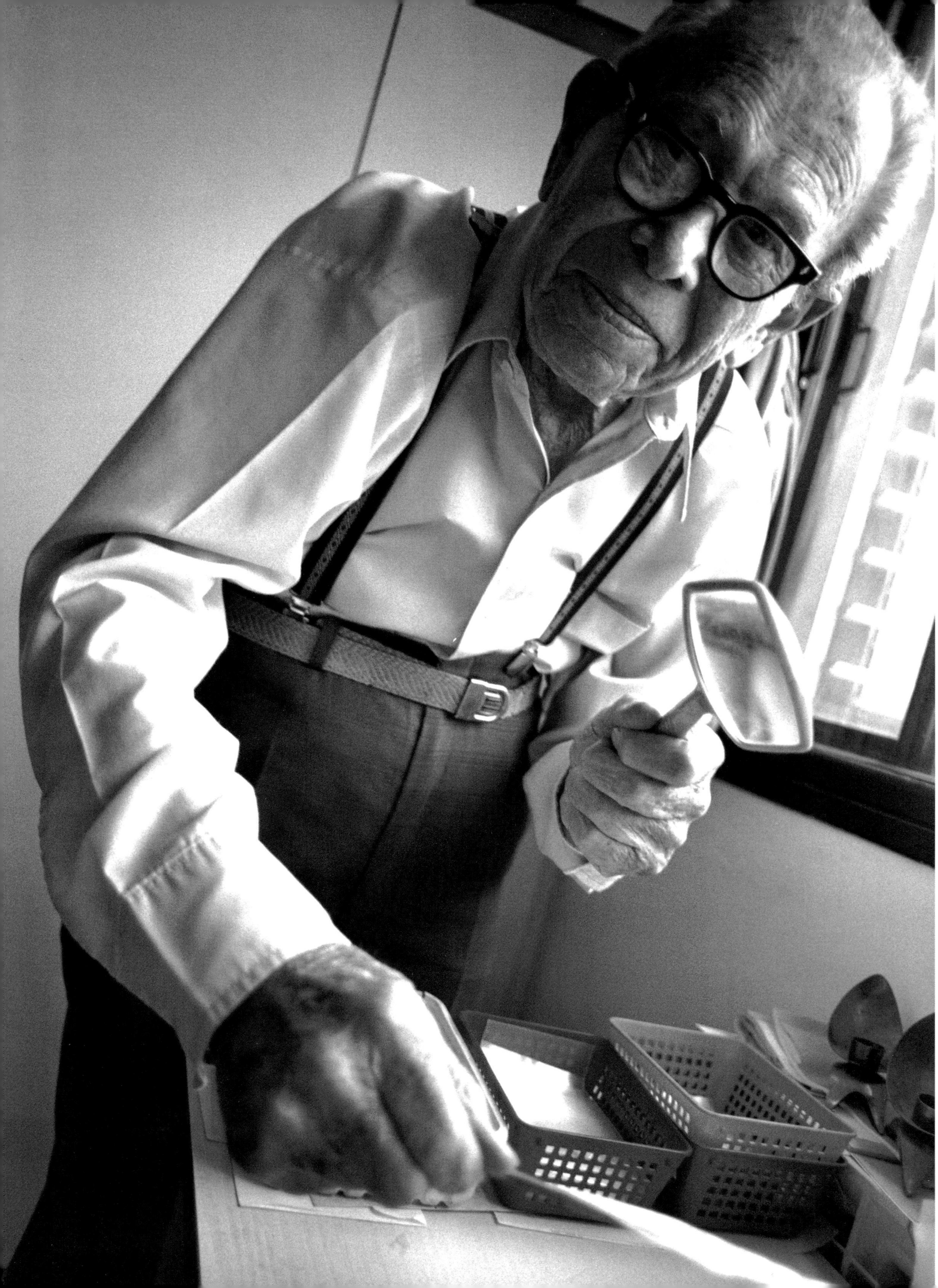

Jüdisch war unser Glaube. Wir waren Deutsche

Die Jeckes

Niemand weiß genau, woher das israelische Slangwort *Jecke* stammt, wie die deutschen Juden genannt wurden, seit sie in den dreißiger Jahren in großer Zahl ins Land kamen.

Häufig heißt es, die hochgebildeten und sorgfältig gekleideten Männer aus Stuttgart und Dresden hätten bei der Feldarbeit oft ein Anzugsjackett getragen, eine *Jacke* auf deutsch. Diese bücherversessenen und umständlichen Menschen waren für das Leben als *Kibbuzniks* schlecht vorbereitet, und wenn jemand als *Jecke* bezeichnet wurde, dann war das nie ein Kompliment.

Der ehemalige Leipziger Mordechai Virschubsky in seinem Büro in Tel Aviv. Januar 1995.

Vielen Israelis war es damals ein rechter Genuß, die Mächtigen gedemütigt zu sehen, und manche trugen nach Kräften dazu bei. Schließlich waren die deutschen Juden gegenüber den russischen und polnischen Juden alles andere als gastfreundlich gewesen, als diese zu Beginn des Jahrhunderts in ihre Städte strömten. *Zu jüdisch*, schimpften die deutschen Juden von Düsseldorf und Hannover, wenn sie auf die armen *Ostjuden* herabsahen. Nun steckte der Schuh am anderen Fuß, und in den entscheidenden Positionen waren polnische und russische Juden. Anscheinend nutzten sie das häufig aus. Aber wenn sie auch nicht begeistert begrüßt worden sein mögen, so flohen doch einige 50000 bis 60000 Juden aus Deutschland und Österreich und anderen Deutsch sprechenden Gemeinden vor und während des Kriegs nach Palästina, und sie blieben und versuchten das Leben wiederaufzubauen, das daheim in Europa vernichtet worden war.[1]

Mordechai Virschubsky war neun Jahre alt, als seine Eltern 1939 all ihre Habe zusammenpackten und Leipzig verließen. Aus den Jahren vor der Emigration seiner Familie erinnerte er sich vor allem daran, daß sein Leben von Verboten umgeben war: niemals allein hinausgehen; nicht auf der Straße spielen. Schlimmer noch: Die meisten seiner Freunde waren bereits fort, und all dies machte ihm schwer zu schaffen.

»Plötzlich lebten wir in Tel Aviv. Statt im kalten und trostlosen Leipzig eingesperrt zu sein, war es nun immer warm, und ich spielte Tag und Nacht auf der Straße – und mit anderen Kindern. Niemand verschloß seine Türen. Es herrschte eine völlig freie Atmosphäre, und – wie Kinder sind – ich paßte mich völlig problemlos an.«

Aber was Kindern leicht fällt, ist für Erwachsene nicht so einfach. »Mein Vater war aus Rußland nach Deutschland geflohen. Er hatte während der Zarenzeit unter Pogromen gelitten, und in Deutschland baute er sich ein völlig neues Leben auf. Dann mußte

Der in Frankfurt am Main geborene, einundneunzigjährige Alfred Sänger widmet sich im Siegfried-Moses-Altersheim in Jerusalem seiner Briefmarkensammlung. Mai 1995.

er mit achtundvierzig Jahren wieder fliehen und noch einmal von vorn anfangen. Das war zu viel.

Er eröffnete einen kleinen Laden in der Ben-Yehuda-Straße Nummer sieben. Früher war er ein erfolgreicher Pelzwarenhändler mit einem eleganten Laden gewesen, und jetzt saß er in einem winzigen Lädchen mit Küchenutensilien. Er hatte keinen Erfolg. Die Schwierigkeiten häuften sich. Es herrschte Feindseligkeit gegenüber deutschen Juden, das verletzte ihn wirklich, und alles schien ihn zu bedrücken. Als ich vor einiger Zeit seine Papiere durchsah, fand ich die Kopie eines Briefes, den er an die Schulbehörden von Tel Aviv geschickt hatte. Darin bat er um einen Nachlaß der Schulgebühren für mich – und die waren ohnehin lächerlich niedrig! Aber er hatte fast gar nichts. Doch er beklagte sich nie, und die Bemerkungen über die *Jeckes* fraß er in sich hinein. Wissen Sie, den Schock des Umzugs hat er niemals überwunden. Er starb bereits mit achtundfünfzig Jahren, drei Wochen nach der Gründung des Staates Israel.« Sein Sohn wurde später Sprecher der Knesset, des israelischen Parlaments, und danach stellvertretender Bürgermeister von Tel Aviv.

Der in Berlin aufgewachsene Gabriel Bach ist Richter am Obersten Gerichtshof Israels und fungierte als Anklagevertreter im Eichmann-Prozeß. Mai 1995.

Ich verließ Virschubskys Büro an einem ungewöhnlich milden Juninachmittag und suchte mir meinen Weg zu Fuß durch die Schluchten der Wohnblocks aus der Bauhaus-Ära, die jeden Zoll von Tel Aviv bedecken. In einem klar gegliederten Haus aus den dreißiger Jahren mit schmalen Fenstern klopfte ich an die Tür von Hilda Hoffmann (geborene Kaufmann), der Präsidentin des Verbandes Ehemaliger Frankfurter Juden. Es gibt mehr als ein Dutzend solcher Verbände in Israel, obwohl einige von ihnen jetzt langsam dahinschwinden. Sie veranstalten kulturelle Treffen, Kartenspielabende, Festlichkeiten und unterhalten auch Beziehungen zu ihren Heimatstädten. Einige helfen bei der Organisation offizieller Visiten, andere versuchen, Besuche von Schul- und Kirchengruppen ihrer Heimatstädte in Israel zu fördern. Manche arbeiten mit städtischen Museen in Deutschland zusammen, um Ausstellungen zu veranstalten, in denen von der Welt berichtet wird, in der sie lebten, die die ihre war, bevor sie weggejagt wurden. »Kommen Sie ja nicht auf die Idee, etwas von Heinrich Heine aufzunehmen!« fuhr ein ehemaliger Hamburger Jude den sanftmütigen Historiker Ortwin Pelc an, als der im Museum für Hamburger Geschichte eine jüdische Abteilung aufbauen sollte. Anscheinend konnte der Hamburger dem Dichter aus dem 19. Jahrhundert noch immer nicht verzeihen, daß er konvertiert war.

Diese alternden, aber nach wie vor lebendigen Verbände arbeiten unter der Schirmherrschaft der *Irgun Olej Merkas Europa*, die sich als »Organisation ehemaliger mitteleuropäischer Israelis« bezeichnet. Mit deutscher (oder *jeckischer*) Tüchtigkeit leitet die IOME Altersheime, Wohnanlagen und Seniorenclubs. Die IOME bietet älteren deutschen, österreichischen und bukowinischen Juden einen Ort, an dem sie Gesprächspartner und Menschen finden, die verstehen, was es bedeutet, ein deutscher Jude im Gelobten Land zu sein. Hilda Hoffmann übernahm den Vorsitz des Frankfurter Verbandes 1987, nach dem Tode ihres Mannes. Wir plauderten in ihrem angenehm möblierten Wohnzimmer voller Bücherregale. Vergilbte Familienbilder aus einem anderen Land blickten aus ihren Rahmen auf uns herab. Als ich mich umsah, machte ich ihr Komplimente über dieses klassische Beispiel deutscher Wohnkultur. Sie lächelte. »Das bringt mich in Verlegenheit«, sagte sie. »Ich habe jedes einzelne Möbelstück in Israel gekauft.«

Zionismus hatte in ihrer Jugend in Frankfurt keine Rolle gespielt. Wenn das Wort Zionismus – oder Nazismus – beim Essen erwähnt wurde, lachte ihr Vater Albert Kaufmann geringschätzig. Diese beiden *Ismen* gehen vorbei, meinte der wohlhabende Schuhgroßhändler überzeugt. Bis er während des Pogroms der »Kristallnacht« verhaftet und nach Buchenwald

Das Jerusalemer Antiquariat Stein Books – eine beliebte Anlaufstelle für junge Israelis, die die deutschen Bücher ihrer Großeltern verkaufen möchten. Oktober 1993.

gebracht wurde. Er war einunddreißig Tage dort und kehrte als gebrochener Mann zurück. Niemals sprach er von dem, was innerhalb des Stacheldrahts hoch über Weimar geschehen war, nicht mit seiner Tochter, nicht einmal mit seiner Frau. Aber der Mann, der sich immer geweigert hatte, Deutschland zu verlassen, konnte plötzlich nicht weit genug wegkommen. »Wir nahmen nichts mit. Wir flohen einfach«, sagte Hilda Hoffmann, »und wir mußten am Neujahrsabend 1939 aus Deutschland nach Holland geschmuggelt werden. Wir kamen in einem Pferdewagen über die Grenze, unter dem Fahrersitz verborgen. Meine Mutter Selma wollte eigentlich in Holland bleiben. Das war Europa; es unterschied sich nicht so sehr von dem, was uns vertraut war. Aber mein Vater wollte nicht. Sobald er Frankfurt verlassen hatte, kam Holland nicht mehr in Frage. Es war Deutschland zu nahe; wir nahmen eines der ersten Schiffe nach Palästina.«

Hilda war sechzehn Jahre alt, als die Familie ankam. »Das Tel Aviv, in das ich kam, war ein dünnes Band entlang der Ben-Yehuda-Straße. Jeder kannte jeden. Man sprach deutsch. Und das Leben war damals so anders. Wir gingen ans Meer, pflückten Orangen und saßen abends am Strand, aßen und redeten. Wir hörten klassische Musik auf kleinen Plat-

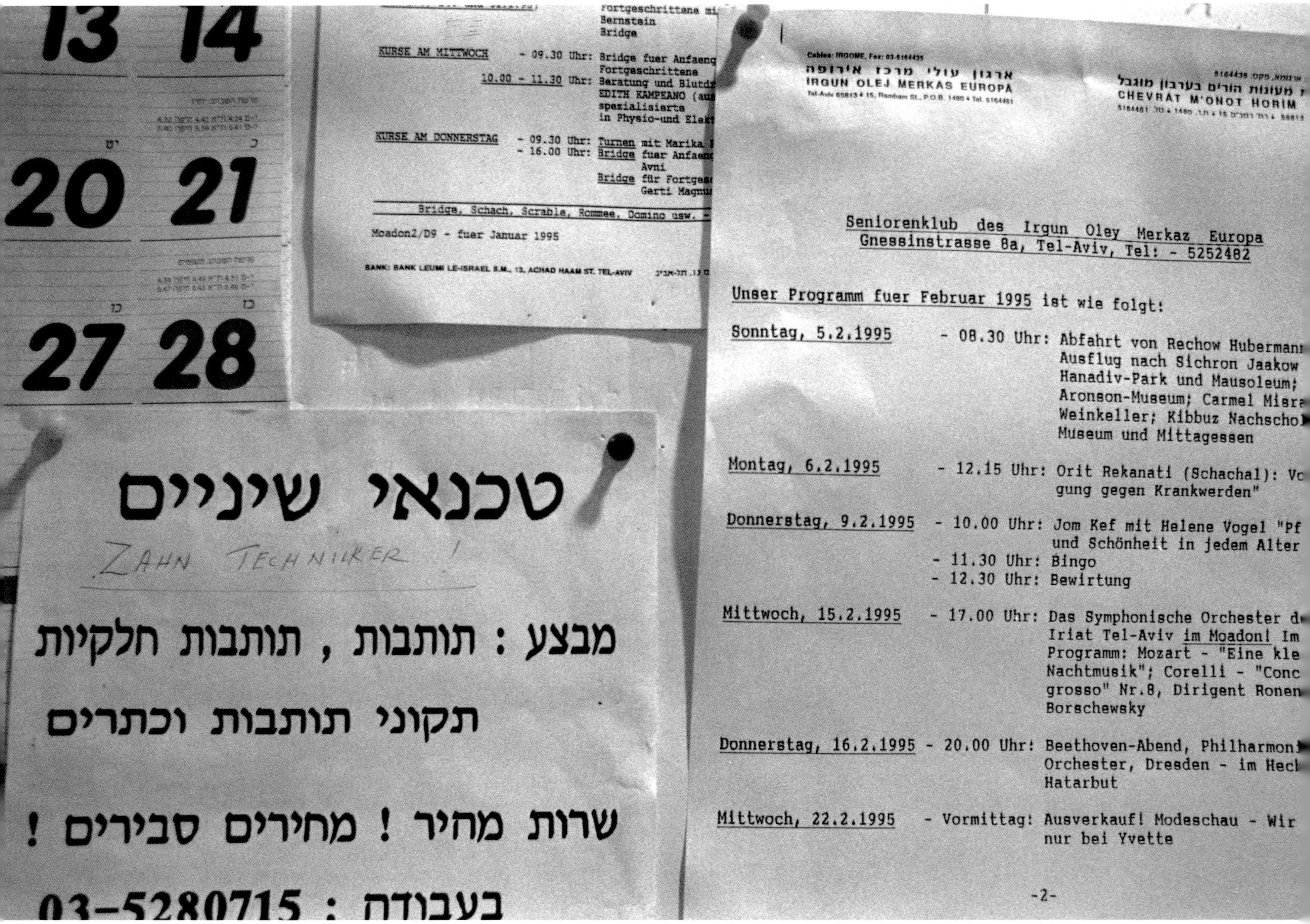

Anschlagtafel in einem Gemeindezentrum für deutsche Juden in Tel Aviv. Januar 1995.

tenspielern, und jeder ging in jeder Wohnung einfach ein und aus. Wir waren arm – viel ärmer, als wir in Frankfurt gewesen waren. Aber für junge Menschen war das kein Problem. Ich weiß noch, daß ich mit meinen Eltern ins Konzert ging. Wir kauften zwei Karten, und in der Pause wechselten wir uns ab, einer von uns durfte während des gesamten Konzerts drinbleiben. Dann gingen wir alle zusammen nach Hause und sprachen über die Musik. So sehr liebten wir die Kultur.« Sie machte eine Pause. »Und so arm waren wir.«

Wie Mordechai Virschubskys Vater stand auch Albert Kaufmann vor enormen Schwierigkeiten. Für ihn erwiesen sie sich als unüberwindlich. »Er gründete eine kleine Schuhfabrik und scheiterte damit. Man hörte ihn niemals klagen – diese Generation klagte einfach nicht –, aber es muß schrecklich gewesen sein. Das Leben war so hart hier für deutsche Juden im Alter meines Vaters, er selbst hatte wenig Auswahl. Anfang der fünfziger Jahre sagten uns meine Eltern, sie zögen zurück nach Frankfurt. Damals wurde die Wiedergutmachung möglich, und sie hatten Ansprüche anzumelden. Dort war es für ihn genauso schwer – aber natürlich auf ganz andere Weise. Auch das nahm er stoisch hin, aber nicht lang nach seiner Ankunft wurde er krank und starb. Meine Mutter starb bald darauf, und ich dachte damals, der einzige Grund für mich, je nach Deutschland zurückzukehren, seien ihre Gräber.«

Die Ansprüche Albert Kaufmanns wurden möglich aufgrund des Luxemburger Vertrages. Schon 1945 beantragten Führer des *Jishuw*, Israels faktischer Regierung unter britischer Herrschaft, bei den Alliierten Wiedergutmachung seitens Nachkriegsdeutschlands. Dieses Buch will nicht den Prozeß und die Methoden von 1951 und 1952 diskutieren; es sei hier nur angeführt, daß Westdeutschlands erster Kanzler, Konrad Adenauer, ein konservativer Mann von tiefer katholischer Überzeugung, seine Regierung an den Verhandlungstisch führte. Mit seiner eigenen religiösen Überzeugung, daß in solchen Reparationen der einzige ehrenhafte Weg liege, stand er gegen die überwältigende Mehrheit des deutschen Volkes.[2]

Nicht daß die Israelis die Vorstellung deutscher Wiedergutmachung vorbehaltlos begrüßt hätten. Als Anfang Januar 1952 bekanntgegeben wurde, die Knesset werde darüber diskutieren, ob diese Verhandlungen begonnen werden sollten oder nicht, führte ein junger und demagogischer Menachem Begin einen Angriff auf das Gebäude an. Tausende schrien von draußen, viele Fenster zerbrachen, und das Gebäude mußte mit Stacheldraht und Wachen geschützt werden. Begin schrie: »Welchen Preis sollen wir uns für unsere Großeltern zahlen lassen?« Und Ben Gurion schrie zurück: »Die Mörder unseres Volkes sollen nicht auch noch seine Erben sein!«

Das erste Treffen zwischen deutschen und israelischen Unterhändlern fand im März 1952 in Den Haag statt; die Israelis forderten von Deutschland eineinhalb Milliarden Dollar, davon zwei Drittel von Westdeutschland. Bei der ersten Begegnung wurde englisch gesprochen, nicht deutsch. Man gab sich nicht die Hand. Zum ersten Mal in der modernen Geschichte saß jedoch eine verfolgte ethnische Gruppe mit ihren Verfolgern an einem Tisch, um über Wiedergutmachung zu verhandeln.

Die Gespräche liefen nicht immer reibungslos. Einmal verließ die israelische Delegation den Raum. Bei einer anderen Gelegenheit, als die Deutschen sich hartnäckig zeigten, erklärten zwei deutsche Unterhändler ihren Rücktritt und distanzierten sich öffentlich von der Position ihres Staates. Im September 1952 schließlich wurden im Luxemburger Rathaus die offiziellen Abkommen unterzeichnet. Auch hier gab es keinen öffentlichen Händedruck. Niemand wollte so weit gehen, die Entscheidung zu begrüßen. Und die Israelis nahmen in den Vertrag einen Passus auf, daß das Abkommen weder »Anerkennung noch Versöhnung« bedeute. Erst mehr als zehn Jahre später, 1965, nahmen Israel und Deutschland formale diplomatische Beziehungen auf.[3]

In den nächsten vierzehn Jahren zahlte Deutschland an Israel 750 Millionen Dollar in Waren: Metalle, Öle, Industriechemikalien und chemische Produkte. Während jener kritischen Zeit des Aufbaus der Nation waren dies etwa zwölf bis vierzehn Prozent der israelischen Importe. Die Verträge sahen außerdem vor, daß Familien Ansprüche gegenüber dem deutschen Staat geltend machen konnten, wenn sie in Konzentrationslagern überlebt oder Familienangehörige und Eigentum verloren hatten. (Die Ostdeutschen weigerten sich hartnäckig, die Frage auch nur zu diskutieren.) Mehr als tausend Anwälte in Israel reichten Ansprüche ein. Viele stellten ihre Anträge von ihren Wohnsitzen in Israel aus.[4] Andere, wie die Eltern von Hilda Hoffmann, kehrten deshalb zurück.

Deutschland zahlte an Israel, aber in Israel mußten deutsche Juden nach wie vor unter beispiellosen Diskriminierungen leiden. »Wenn man im Bus deutsch sprach, schrie gleich jemand ›*Jecke putz!*‹«, sagte Hilda Hoffmann. »Sie erzählten Witze über die langsamen und schwerfälligen *Jeckes*.« Virschubsky erinnert sich an einen seiner Onkel, der aus Deutschland nach Jerusalem kam, um an der Universität zu lehren; aber unter seinen Kollegen stieß er auf soviel Feindschaft, daß er packte und nach Princeton fuhr.

Allmählich schliffen sich jedoch die Kanten ab, die Feindseligkeit schwand, und im Laufe der Jahre war es allmählich kein Thema mehr. Schließlich hatten die deutschen Juden fast auf jedem Gebiet ihren Beitrag zur israelischen Gesellschaft geleistet. »Es stimmt schon, die deutschen Juden – die *Jeckes* – besaßen niemals die *Chuzpe* der russischen und polnischen Juden«, sagte Virschubsky. »Sie waren höflich erzogen, und auch in Israel blieben sie höflich und sind es heute noch«. Er trommelte mit den Fingern auf seinen Schreibtisch. »Die Justiz des Staates und die Stellen, bei denen es um finanzielle Verantwortung geht, das waren die Bereiche der *Jeckes*, weil man dort Leute braucht, die ehrlich sind, diszipliniert und geradlinig.«

Stephen Spielbergs Stiftung »Survivors of the Shoah Visual History Foundation« zeichnet Video-Interviews mit Überlebenden des Holocaust in Israel und in aller Welt auf, um deren Zeugnisse für die Nachwelt zu sichern. Los Angeles, November 1995.

»Aber um etwas in Gang zu setzen?« Er schüttelte den Kopf. »Ein polnischer Jude mußte das Symphonieorchester gründen. Aber die Deutschen füllten das Publikum und stellten weiß Gott wie viele der Musiker.«

Richter am Obersten Gericht, Herausgeber angesehener Zeitungen, Verleger, Wissenschaftler – viele waren deutsche Juden, und sie trugen einiges zur Vitalität des neugeborenen Staates bei. Aber bis zu einem gewissen Grad hat die israelische Gesellschaft ihre Leistungen stets geschmälert und hatte Schwierigkeiten, sie als solche anzuerkennen. Der Umgang mit Überlebenden des Holocaust war schwierig genug. Viele Israelis verdammten die deutschen Juden jahrelang wegen ihrer, wie sie fanden, sklavischen Bindung an ihr Vaterland, wegen der sie ihre Augen für alle Übel verschlossen. Der Zionismus, wie die meisten *Ismen*, kennt nicht besonders viel Toleranz gegenüber Menschen, die seine heiligsten Überzeugungen nicht teilen.

In den Jahren seit dem Krieg hat sich jedoch einiges geändert. Die deutschen Juden haben sich mit Büchern und Ausstellungen sehr um den Beweis bemüht, daß sie immer glühende Zionisten gewesen waren, obwohl das für die Mehrheit nicht zutrifft. Und die Israelis sehen die Jeckes inzwischen nicht mehr als langsam und schwerfällig an, sondern schätzen ihre Sorgsamkeit und Genauigkeit. Wenn man heute als *Jecke* bezeichnet wird, ist das nicht mehr so negativ. Ich erinnere mich, daß ich eines Nachmittags einen Schüler aus seiner Schule in Jerusalem abholen wollte und die Direktorin der Schule mich Papiere und Formulare ausfüllen ließ, um meine Verantwortung festzuhalten. Ich lächelte und fragte: »Sind Sie eine *Jecke*?« Sie lachte. »Nein, das bin ich nicht, leider, und ich wollte, wir hätten mehr von ihnen gelernt!« Sie dachte einen Augenblick nach. »Jetzt, wo wir sie wirklich brauchen, wo wir bereit wären, ihnen besser zuzuhören, ist es wohl zu spät, fürchte ich!«

Um 1990 waren die deutschen Juden, die in den dreißiger Jahren nach Palästina geflohen waren, entweder tot oder alt. Als sie älter wurden und ihre Erinnerung schwand, als Krankheiten und Schlaganfälle sich häuften, zogen sie in Altersheime um. Nicht weit entfernt vom Bahnhof in Jerusalem liegt das Siegfried-Moses-Heim, benannt nach Israels erstem Staatsrevisor – einem deutschen Juden. Von den hundertzehn Bewohnern sprechen hier 65 Prozent

Seiten 38/39
Adi Itzion als Darstellerin der Marlene Dietrich an einem Theater in Tel Aviv. Oktober 1993.

deutsch. Noch vor zwanzig Jahren lag der Prozentsatz höher: bei 100 Prozent.

Sie kommen aus Czernowitz, Wien, Berlin, Innsbruck, Zagreb – ganz Mitteleuropa ist hier versammelt. Die neunzigjährige Frau Sonnenblum stammt aus Graz. »Als ich jung war, sah ich Kaiser Franz Josef vorbeireiten«, sagte sie, als sie langsam in ihrem Rollstuhl vorüberfuhr. Die einhundertundein Jahre alte Trude Frankel kommt aus Mannheim. »Mein Vater brachte dem Kapitän des allerersten Zeppelins Wein«, erzählt sie mit funkelnden Augen. »Mein Vater«, seufzte sie kopfschüttelnd, »war *meschugge* nach dem Kaiser.«

Alfred Saenger, einundneunzig Jahre alt und aus Frankfurt, sammelt Briefmarken aus aller Welt, verkauft sie und gibt die Erträge an das Pflegeheim seiner geistig behinderten Tochter. »Wissen Sie, was interessant ist?« Ein junger Mann aus München, Dieter, besucht mich jede Woche. Er kümmert sich um meine Tochter. Er leistet dort freiwillig Dienst. Ich glaube, er spricht manchmal gern ein bißchen deutsch, deshalb besucht er mich und wir plaudern ein wenig.« Er legte den Kopf ein wenig schräg und sah mich an. »Können Sie Deutsch sprechen?«

»Natürlich«, antwortete ich.

»Wunderbar«, sagte er, und indem er seinen Stuhl etwas näherrückte, fing er an: »Als ich ein junger Mann in Frankfurt war...«

Rifka Gerling (»aber geboren bin ich als Else«) verwaltet die Bibliothek des Heims und lebt hier seit acht Jahren. Ihr kränkelnder Mann, ein Anwalt, der selbst jahrzehntelang mit Siegfried Moses zusammenarbeitete, lebt ebenfalls im Heim. Ihre Eltern wurden während des Holocaust ermordet. Die Kinder sind aus Israel fortgezogen. Ich saß mit ihr in der Bibliothek, wo sie eine Liste überfälliger Bücher durchsah. Es waren keine Besucher da, und so schloß sie den Raum ab. Sie wandte sich mir zu und sagte: »Ich war eine Polin, eine Deutsche, eine Palästinenserin und eine Israelin. Das reicht für ein Leben, und es gibt viele, viele Geschichten zu erzählen.« Sie blickte auf die Bücherregale, als messe sie die Geschichten, die sie enthielten. Dann sah sie einem Paar nach, das draußen in der Halle langsam hinüber zum Speisesaal ging. »Fast jeder in diesem Heim hat die eine oder andere Hölle durchlebt – bei manchen waren es gleich mehrere.« Dann verließen wir die Bibliothek. Rifka Gerling hielt für einen Augenblick an, um auf deutsch mit einem Arzt aus München zu plaudern. Sie ging durch die Halle, wo die Leute den »Stern« und den »Spiegel« lasen und machte vor dem Speisesaal halt, um die Tageskarte zu lesen, auf hebräisch und deutsch. »Tafelspitz!« sagte sie lächelnd und drehte sich mir zu. »Das ist gut. Das kann ich empfehlen.«

1 Ein Beispiel für die Überheblichkeit der deutschen Juden gegenüber anderen zeigt sich ungeschminkt in einem Brief von Hannah Arendt an Karl Jaspers, den sie während ihrer Berichterstattung über den Eichmann-Prozeß am 13. April 1961 schrieb. »Mein erster Eindruck: Ganz oben, die Richter, die besten der deutschen Juden. Unter ihnen, die Staatsanwälte, aus Galizien, aber noch Europäer. Alles wird von einem Polizeiapparat organisiert, der mir Schauder über den Rücken jagt, sie sprechen nur Hebräisch und sehen arabisch aus ... Und vor den Türen der orientalische Mob, als seien wir in Istanbul oder irgendeinem anderen halb-asiatischen Land.«

2 Siehe Bibliographie.

3 Vgl. Segev, Tom: The Seventh Million, New York 1992.

4 Vgl. Balabkins, Nicholas: West-German Reparations to Israel, New Jersey 1971.

Wieder daheim

In deutschen Schulen wird den Schülern manchmal – nicht allzu oft – statt der üblichen Referenten – einem Arzt, der in Afrika arbeitet oder einem Umweltschützer, der Bäume rettet, – ein Jude geboten. Ein alter Mensch, in Deutschland geboren, hier in ihrer Heimatstadt. Und wenn die Teenager ihm begegnen, anstatt daß irgendeine Holocaustdokumentation über die Leinwand flimmert, dann hören sie plötzlich zu. Besonders, wenn der Gast in akzentfreiem Deutsch sagt: »Ich war genau in Ihrem Alter, als ich von der Schule geworfen wurde, als sich alle meine christlichen Freunde von mir abwendeten und einige meiner jüdischen Freundinnen in den Gastod von Auschwitz gingen.« Dann rechnen sie nach. Du bist so alt wie meine Großmutter. Meine Großmutter hat damals gelebt. Und sie spricht nicht über diese Vergangenheit, nur über die Lebensmittelrationierung.

Dann gehen die Finger hoch, Fragen werden gestellt, und der Dialog beginnt.

Wie kommen diese deutschen Juden mit ihrem Geburtsland zurecht? Jeder hatte eine radikal andere Erfahrung, und diese Erfahrungen prägen ihre heutigen Gefühle: Manche wollen überhaupt nichts mit Deutschland und den Deutschen zu tun haben. Andere scheinen einem Zwang zu unterliegen und kommen immer wieder.

Während des Zweiten Weltkriegs, als sich ihre Schwester Elsie Harding in London um ihren Erstgeborenen kümmerte, meldeten sich Hans und Paul Alexander freiwillig zur britischen Armee. »Es war ziemlich aufregend«, sagt Hans und verzieht ironisch die Augenbraue. »Sie ließen uns Sandsäcke füllen.« Weil sie aus Deutschland kamen, galten sie als feindliche Ausländer und mußten in England während des größten Teils des Krieges manuelle Arbeiten verrichteten. Erst 1945 wurden die beiden Brüder auf den Kontinent geschickt.

»Ich kam in eine Stadt namens Belsen«, sagte Hans Alexander, als er sich neben seiner elegant gekleideten Frau Ann in ihrer Londoner Wohnung auf das Sofa setzte. »Wir kamen acht Tage nach der Befreiung an, und eine Zeitlang taten wir nichts anderes als das Lager aufzuräumen.« Er machte eine Pause, und dann wiederholte er das Wort: »Aufräumen«. Er schüttelte den Kopf, als wolle er sagen, wie schwach doch Worte das ausdrückten, was er gesehen hatte. »Die Insassen – Skelette in gestreifter Häftlingskleidung – schlurften an einen heran und bettelten um Essen, und wenn man gutmütig war und dumm, dann gab man ihnen so etwas wie Schokolade, und davon wurden sie so krank, daß einige starben. Unsere Ärzte, Dr. Stone besonders, zwangen uns, ihnen nichts mehr von unseren Rationen zu geben, aber was sollte man tun, wenn man um Essen gebeten wurde?

Wir holten auch die Einwohner des Ortes – Sie wissen schon, diese *wir-haben-nichts-gewußt*-Leute – ins Lager, damit sie einen Teil der Arbeit taten. Und während ich dort war, sagte man mir, ich bekäme eine andere Arbeit. Ich sollte Nazis ausfindig machen.«

Die Britische Armee setzte Hans Alexander und einige andere deutschsprechende Soldaten ein, hochrangige Nazis aufzuspüren und Beweise für eine Anklage gegen sie zu sammeln. In den nächsten zwölf Monaten ging Hans Alexander von Haus zu Haus, in Büros und Kirchen. Er sprach mit Jungen, mit Älte-

Das Leo-Baeck-Altenheim in London. Die große Mehrzahl der 50 000 nach England emigrierten deutschen Juden kehrte nicht nach Deutschland zurück. Februar 1993.

ren. Er machte Aufzeichnungen, prüfte nach, fragte weiter. Nach den ersten hundert Gesprächen hörte er auf zu zählen. Und machte er weiter. Als die Aktenbände sich füllten, folgten Verhaftungen, Verhöre und Gefängnis.

»Natürlich wußte niemand etwas, weder über Nazis, noch über Juden.« Er lächelte trocken und bitter. »In Fallingbostel sagte mir der Bürgermeister, es hätte dort nie einen Juden gegeben. Ich ließ das gelten, sagte nichts und fuhr ab. Direkt vor der Autobahn lag ein jüdischer Friedhof. Ich kehrte um und beförderte den Bürgermeister für eine Weile hinter Gitter. Er sollte sich wenigstens ein bißchen mehr Mühe geben, wenn er so unverschämte Lügen erzählte.

In all den hunderten Gesprächen begegnete ich insgesamt drei Nazis – nicht mehr. Der eine war der Polizeichef von Hamburg, ein anderer war ein Marineoffizier, und der dritte, das war Rudolf Höß, der Kommandant von Auschwitz.«

Rudolf Höß war Parteimitglied der ersten Stunde gewesen und machte im System der Konzentrationslager Karriere, seit Dachau 1933. Als SS-Hauptsturmführer wurde er 1938 nach Sachsenhausen versetzt. 1940 zog er mit Frau und fünf Kindern auf das Lagergelände in Auschwitz, das damals noch keine Todesfabrik war. Rudolf Höß ging jeden Morgen an die Arbeit, um nach Methoden zu suchen, wie man möglichst viele Juden auf die wirksamste Weise umbringen könnte. Als er in einem polnischen Gefängnis seine Memoiren »Kommandant in Auschwitz« niederschrieb, bevor er 1947 gehenkt wurde, schien er stolz auf die Tatsache, daß er als erster erfolgreich das Gas Zyklon B eingesetzt hatte. Er bedauerte auch, daß er 1943 aus Auschwitz auf einen Schreibtischposten in der Nähe von Sachsenhausen versetzt wurde. Es muß ihm gefallen haben, als er im Sommer 1944 zurückkehren durfte. Im letzten großen Vorstoß der Nazis, die Juden auszurotten, wurde Adolf Eichmann nach Budapest geschickt und deportierte die meisten ungarischen Juden nach Polen. Sein Partner wurde der stets tüchtige Höß, und zwischen Juni und August wurde eine halbe Million ungarischer Juden vergast.

Aber Rudolf Höß beteuerte in seinen Memoiren: »Ich bin vollständig normal. Selbst als ich die Vernichtung durchführte, lebte ich ein normales Leben und so weiter.« Später, als Soldat, schrieb er, sei er von seinen polnischen Wärtern fair behandelt worden. Dann schrieb Höß von einer Verhaftung, die ihm nicht gefallen habe, denn er sei »grausam« behandelt worden. Diese Verhaftung hatte Hans Alexander durchgeführt.

»Wir machten Frau Höß in Heide ausfindig, zusammen mit einigen ihrer Kinder. Sie sagte uns natürlich nichts, also gingen wir wieder. Aber wir beschatteten alle. In Zivil folgten wir Frau Höß, und nach einer Weile führte sie uns direkt zu ihrem Mann. Er war in einem Bauernhaus etwa fünf Kilometer von der dänischen Grenze entfernt, bereit zur Flucht. Wir näherten uns dem Bauernhaus bei Nacht, umzingelten es, und ich ging zur Tür. Höß öffnete selbst. Er trug einen Schlafanzug, und als sich die Tür einen Spalt öffnete, hielt ich ihm sofort die Pistole in den Mund – man hatte uns gewarnt, sie trügen Giftkapseln im Mund. Sie wissen, daß wir Himmler auf diese Weise nach seiner Gefangennahme verloren. Er biß auf die Giftkapsel, ohne daß die danebenstehenden britischen Soldaten es verhindern konnten.

Natürlich leugnete er, Höß zu sein, und er hatte auch genug falsche Papiere, um das zu belegen. Er hatte sich sogar seine SS-Blutgruppentätowierung vom Arm entfernen lassen. Er beharrte immer weiter darauf, und ich sagte ihm immer wieder, er lüge. Plötzlich schaute ich hinab und bemerkte seinen Ehering. ›Geben Sie ihn mir‹, sagte ich. ›Das geht nicht‹, sagte er. ›Der sitzt seit Jahren fest.‹ ›Kein Problem‹, sagte ich. ›Ich werde einfach Ihren Finger abschneiden, dann können wir ihn uns ansehen.‹ Ich ließ ein Küchenmesser holen und als man mir es brachte, war der Ring vom Finger. Höß saß da und starrte mich wütend an. Auf der Innenseite fand ich seinen Namen und den seiner Frau. Ich dankte ihm, steckte den Ring in die Tasche und stand auf. Der Raum war voller Juden – junge Männer aus Deutschland, die aus dem Land gejagt worden waren, und von denen einige ihre Eltern in Auschwitz verloren hatten. Ich ging zur Tür und sagte: ›In zehn Minuten will ich Höß in meinem Wagen haben. Ohne Beulen.‹ Ich drehte mich um und ging.«

Hans Alexander blieb bis Ende 1946 in Deutschland. In dieser Zeit setzte er seine Untersuchungen fort, verhaftete die Schuldigen, entließ die Unschuldigen und versuchte den Unterschied zwischen den beiden Kategorien zu erkennen. Nachdem er eine Handvoll Fälle gegen verschiedene Mörder und Folterer vorbereitet hatte, begann für ihn die qualvolle Aufgabe, die Opfer dieser grauenvollen Verbrechen zu bitten, bis zum Verfahren in Deutschland zu bleiben und Zeugnis abzulegen. Einige befanden sich noch im Krankenhaus und brachen zusammen, wenn sie sich auch nur zu erinnern versuchten. Andere brachten es einfach nicht über sich, auszusagen und Menschen gegenüberzustehen, die Kindern Gift injiziert hatten, nur um die Zeit zu messen, bis sie sich zu Tode gequält hatten; die Männern Eiswasser auf die bloße Brust gegossen hatten, um herauszufinden, wie schnell sie Herzanfälle bekämen. Grauen über Grauen. »Die Zahl der Mörder, die ich gehen lassen mußte, machte mich krank. Sie hielten uns zum Narren«, murmelte Alexander. »Die Russen waren tüchtiger, wissen Sie. Wenn ihnen solche Geschichten zu Ohren kamen, fanden sie den Beschuldigten, zogen die Pistole und erschossen ihn. Wir konnten das nicht tun. Wir taten das nicht.«

Hilda Hoffmann aus Frankfurt am Main in ihrer Wohnung in Tel Aviv. Januar 1995.

Es war still im Zimmer. Hans Alexander stand auf. Er hatte selten über diese Zeit gesprochen, und es war deutlich, daß er an diesem Tag mehr nicht sagen würde. Draußen war es inzwischen dunkel, und aus seiner Wohnung im siebten Stock sahen wir überall um uns herum die Lichter Londons blinken und glitzern. »Und jetzt«, sagte er, »soll es genug sein. Zeit für einen Drink.« Er goß zwei Gläser Scotch ein, und wir hoben unsere Gläser und sagten »le Chaim«. Nach einer oder zwei Minuten sah es aus, als wolle er etwas sagen. Ich griff nach meinem Füller. »An eines werde ich mich immer erinnern: Kurz nach meiner Ankunft in Belsen, als die Leute halbtot umherirrten, kam eine Rotkreuzschwester mit einem fünfjährigen jüdischen Mädchen zu mir. Sie sagte, die Mutter des Kindes sei erst ein paar Wochen vor der Befreiung von ihm getrennt und in einen Zug gesetzt worden. Also nahm ich das Mädchen und die Schwester, besorgte mir einen Wagen, und dann fuhren wir los. Wir fuhren zu einem Lager in der Nähe von Belsen, aber die Mutter war nicht dort. Wir versuchten es an einer anderen Stelle. Wieder kein Glück. Schließlich kamen wir zu den Hermann-Göring-Werken, der Volkswagen-Fabrik in Wolfsburg. Dort nahm ich den Lautsprecher und rief den Namen der Mutter aus. Ein Schrei kam aus dem Fabrikhof und eine Frau drängte sich durch die Menge zum Büro, zu dem dort wartenden Kind. Wissen Sie, das war das einzig Vernünftige...« und seine Stimme brach, »das war das einzig Sinnvolle in sechseinhalb Jahren.«

Nach dem Krieg wurde Hans Bankier. Sein Bruder Paul arbeitete in der Baubranche. Sie haben insgesamt fünf Kinder, zwölf Enkel und zwei Urenkel.

»Ob ich nach Deutschland fahren würde, um vor Schulkindern zu sprechen?« fragte Hans Alexander. Er lächelte nachsichtig. »Schauen Sie mal. Ich habe keine Schwierigkeiten mit jungen Deutschen. Natürlich schaue ich mir die Älteren an und will nichts mit ihnen zu tun haben. Aber Sie können keinen fünfzehnjährigen Deutschen ansehen, oder auch einen fünfundvierzigjährigen, und ihm das zum Vorwurf machen. Aber vor Schulkindern würde ich nicht reden, weil Kinder nicht zum Haß erzogen werden sollten. Ich aber bin voller Haß.«

Ruth Meyer und ihre Familie verließen 1940 England mit Visa für die USA, und durch Familienverbindungen konnten sie eine kleine Wohnung im Zentrum von Chicago mieten. Ihr Vater verkaufte Bürsten von Tür zu Tür, Sommer wie Winter schleppte er seine Musterkoffer die Treppen rauf und runter. Genau wie in seinem eleganten Stadthaus in Krefeld saß er an den Abenden über seinen Geschäftsbüchern, nur daß da jetzt nicht mehr viel zu sehen war. Ruths Mutter arbeitete zunächst in einer stickigen Marmeladenfabrik; an den Abenden kam sie erschöpft nach Hause, die Hände und Arme befleckt und verfärbt. Für Ruth kam das College nicht mehr in Frage; sie besuchte ein Kosmetikschule. Bei einer jüdischen USO-Veranstaltung traf sie 1942 in Chicago den US-Army Captain Eddie Elcott. Der junge Mann sah in Uniform hervorragend aus, er war ein vorzüglicher Tänzer und ein paar Wochen später bat er Ruth, ihn zu heiraten. Sie sagte ja. Er studierte an der Northwestern University, und nach seinem Abschluß packten die Jungvermählten alles zusammen und zogen wie Millionen anderer Amerikaner Anfang der fünfziger Jahre nach Kalifornien. Während er bei Lockheed angestellt war und später an einer Schule und in einem Gemeindecollege Politische Wissenschaften lehrte, arbeitete Ruth als Friseuse. Sie hatten drei Söhne, und Mitte der fünfziger Jahre, nach dem Tod ihres Vaters, zog Ruths Mutter zu ihnen. Sie sprach niemals über die Vergangenheit, und sie sprach auch niemals deutsch mit ihrer Tochter. Sie waren eine amerikanische Familie. Deutschland und alles was dazugehörte hatten sie hinter sich gelassen. Außer den Alpträumen, die Ruth jede Nacht heimsuchten. Dann beruhigte Eddie sie, sprach mit ihr, und sie schliefen wieder ein.

Eins Tages erhielt Ruth während der Arbeit einen Anruf. Eine Austauschstudentin sollte nach Los Angeles kommen und brauchte eine Unterkunft. Kein Problem, sagte Ruth, wir stehen auf der Liste. Aber sie hörte einen Unterton in der Stimme der Anruferin. Keine andere Familie wolle das Mädchen aufnehmen. Warum, fragte Ruth. Weil sie deutsch ist. Dann kann ich auch nicht, sagte Ruth kurz und hängte schnell auf. Aber besser fühlte sie sich nicht. Am nächsten Morgen rief Ruth zurück. Schicken Sie mir das Kind, sagte sie. Und am nächsten Abend saß eine muntere blonde Siebzehnjährige am Eßtisch neben Ruth und ihrer Mutter und dem Rest der Familie. Bei drei halbwüchsigen Jungen am Tisch gab es keinen Mangel an Gesprächsstoff, aber die Schülerin beschäftigte etwas. Sie wandte sich an Martha Meyer und sagte: »Ich höre, Sie haben einen deutschen Akzent.«

Die alte Frau blickte auf und sagte ruhig: »Das ist das einzige, was mir die Nazis nicht nahmen.« Einen Augenblick herrschte Stille am Tisch, denn es geschah zum ersten Mal, daß Ruth ihre Mutter vor Fremden die Vergangenheit hatte erwähnen hören. Die Jungen retteten die Situation und sprachen weiter.

Das deutsche Mädchen blieb einige Wochen bei den Meyers. Dann fuhr sie wieder ab. Ihre Anwesenheit hatte weder etwas an Ruths Gefühlen geändert, noch waren die Alpträume verschwunden. Dazu bedurfte es eines anderen deutschen Teenagers.

Eines Tages im Jahre 1967, kurz bevor Ruth mit ihren Söhnen zu einem sechsmonatigen Aufenthalt nach Israel reisen wollte, brachte ihr Eddie den Brief einer Schülerin aus Krefeld, die Ruth um ein Interview bat. Irgendwie hatte das Mädchen ihre Spur gefunden, und nun schrieb sie, es tue ihr leid, was in der Vergangenheit geschehen sei, sie wolle etwas über Ruths Kindheit erfahren. Sie schloß den Brief mit Weihnachtswünschen.

»Zuerst wollte ich nichts damit zu tun haben, aber dann antwortete ich ihr. Ich sagte, sie sei natürlich nicht verantwortlich dafür, was geschehen sei, aber auf gewisse Weise müsse auch sie die Schuld ihrer Eltern tragen, so wie meine eigenen Kinder meinen Schmerz ertragen müssen. Dann sprach ich meine Erinnerungen und Eindrücke in gekürzter Form auf Band. Zusammen mit dem Brief schickte ich es ab und fuhr nach Israel.«

Das Band fand seinen Weg von der Schule in die Zeitung Krefelds, wo es ungekürzt transkribiert und veröffentlicht wurde. Und an dem Morgen, als es in der Zeitung erschien, klingelten in Krefeld in einer Wohnung nach der anderen die Telefone. Krefelder Frauen riefen einander an, um über Ruthie zu sprechen, mit der sie ins Lyzeum gegangen waren, mit der sie ins Kino gegangen waren, ihre Freundin Ruthie. Oder war sie jetzt eine ehemalige Freundin? Würde sie sie jetzt hassen? Hatte sie sie immer gehaßt? Die Klassenkameradinnen trafen sich bald darauf in der Wohnung von Dorle Englender, und am Eßtisch schrieben sie gemeinsam einen Brief und schickten ihn nach Kalifornien.

Einige Monate später kam Ruths Mann nach Israel. Sie hatten geplant, einen Volkswagen in Österreich zu mieten und dann durch Europa zu fahren – auf Ruths Wunsch unter Vermeidung von Deutschland. »Wir haben unsere Pläne geändert«, sagte Eddie zu ihr. »Du gehst wieder zur Schule.«

Ruths erste Reaktion war völlig negativ. Sie sah sich außerstande, die deutsche Grenze zu überqueren. Das Trauma ihrer Flucht vor Jahrzehnten, der bedrohliche Grenzposten im Zug – schon der Gedanke an die Erinnerungen war zu schrecklich. Ruth geriet in Panik.

»Aber das Problem ließ sich leicht lösen«, erinnerte sich Eddie dreißig Jahre später. »Dorle Englender erwartete uns in Salzburg. Innerhalb einer Minute

Schüler aus Jerusalem und Freiburg verbringen einen gemeinsamen Nachmittag mit Malen und Zeichnen in der Jerusalemer Denmark School. Oktober 1993.

waren Ruth und sie am Schwatzen; ohne Punkt und Komma. Neuigkeiten aus Jahrzehnten sprudelten aus den beiden heraus, und ich konnte sie nur auf die Rückbank des kleinen Käfers setzen, und dann fuhren wir los, direkt über die Grenze und nach Bayern, bevor sie auch nur merkten, daß wir nach Deutschland gekommen waren. Sie fragten überhaupt nicht, wo wir waren, bis wir schon fast München erreicht hatten.«

Ruth lächelte verlegen und warf einen liebevollen Blick auf ihren Mann.

Die drei tuckerten nach Norden, nach Krefeld, und ein paar Tage später betrat Ruth das Haus einer ihrer Klassenkameradinnen. Achtzehn der einundzwanzig Mädchen waren da. Die Atmosphäre war gespannt. Alle hatten Angst. Ruth ging auf jede zu und nannte sie beim Namen. Würden jetzt die Anklagen kommen? fragten sie sich. Ruth erinnerte sich: »Ich hielt mich zunächst zurück. Ich hörte zu. Thea hatte nach dem Krieg ein Kind verloren, wegen einer Mine. Lottes Mann war an seinen Kriegsverletzungen gestorben. Auch Rosemaries Schwester war auf eine Landmine getreten. Andere waren bei den Bombenangriffen im Krieg ums Leben gekommen.«

Dann redete Ruth über ihre eigene Geschichte, jene Eisenbahnfahrt, das Schrubben der Böden auf dem Bauernhof, wie sie ihre Eltern herausholte, ihr neues Leben in Chicago. Und die Ironie bestand darin, daß Ruth die einzige von allen Anwesenden war, die während des Krieges kein enges Familienmitglied verloren hatte. Sie hatte zehn Enkelkinder. Ihre Klassenkameradinnen hatten zusammen nicht so viele. Die alten Freundinnen unterhielten sich an jenem Abend lange und emotionsgeladen. Und Ruth Elcott hatte seitdem nie wieder einen Alptraum.

Ruth blieb mehrere Wochen in Krefeld. Sie vertiefte die Beziehungen zu alten Freunden und schloß neue Bekanntschaften. In der Folge besuchten die Elcotts Krefeld bei jedem Europabesuch. 1988 lernten sie zwei neue Freunde kennen, Renata und Helmuth Starck, beide engagierte Mitglieder der Evangelischen Kirche. Sie schlugen Ruth einen offiziell arrangierten Besuch in Krefeld vor. Aber Ruth knüpfte diesen Besuch an eine Bedingung: Sie würde nur kommen, wenn sie zu Schülern sprechen und ihnen aus den

Israelische Soldaten am Holocaust-Mahnmal in Yad Vashem, Jerusalem. Oktober 1993.

Tagebüchern vorlesen könne, die sie in ihrer Jugend in Krefeld geführt hatte.

Die Starcks gingen darauf sofort ein und nahmen Kontakt zu Schulen auf. Eine Schulklasse nach der anderen begann, sich nun mit der jüdischen Geschichte zu beschäftigen, mit dem Holocaust, den Juden Krefelds. Sie veranstalteten Projekte über die Konzentrationslager, es gab Tabellen und Graphiken, die ganze Klassenwände bedeckten und die Fluchtwege der überlebenden und getöteten Krefelder Juden zeigten. Jugendliche besuchten die Bibliothek, die Stadtarchive. Sie telefonierten und forschten in den Nazi-Dokumentationszentren von Düsseldorf und Köln. Sie baten, in der Kölner Synagoge an einem Gottesdienst teilnehmen zu dürfen.

In den zehn Tagen ihres Aufenthaltes ging Ruth in fünfzehn Schulen. Sie zählte nicht die Zahl der Klassenräume, in denen sie ihr kleines Tagebuch voller Eselsohren öffnete. Aus diesem Buch nahm eine verängstigte und verwirrte Sechzehnjährige aus dem Krefeld der dreißiger Jahre mit den jetzt dort lebenden Jugendlichen Kontakt auf und erzählte ihnen, wie es war auf der Straße angespuckt und von Parkbänken verjagt zu werden. Zu merken, wie sich die besten Freunde abwandten, über Schutt, Dreck und Ruinen des eigenen Hauses zu gehen, die Mutter schluchzen zu sehen und das eigene Leben durch Flucht in einem Zug zu retten. Einige Schüler brachen in Tränen aus. Andere schauten nach unten und vermieden Ruths Blick. Nur wenige blieben unberührt.

An einem Abend sprach Ruth auch vor den Vätern und Müttern. Sie nahm ihr Tagebuch und las den schweigenden Anwesenden daraus vor. Nach ihrem Vortrag stand einer nach dem anderen dieser fünfundvierzigjährigen Erwachsenen auf, und sie bezeichneten sich als Angehörige einer verlorenen Generation. Es waren unsere Eltern, die niemals mit uns über den Krieg sprechen wollten, über den Holocaust, und unsere Lehrer haben uns niemals etwas darüber beigebracht. Einige Männer und Frauen saßen da und weinten. Einige haderten mit ihrer Vergangenheit, ihrem Land, ihren Eltern. Und Ruth, die den Stein ins rollen gebracht hatte, saß da und hörte zu.

Ruth Elcott war nicht die einzige Jüdin, die nach Deutschland und Krefeld mit diesem Anliegen zurückkehrte. Überall luden Städte und Dörfer ehemalige jüdische Einwohner zu offiziellen Besuchen ein. Berlin war eine der ersten Städte, die solche Besuche veranstaltete, und bis 1995 waren 40000 Berliner Juden und ihre Familienangehörigen gekommen, um sich mit Vertretern der Stadt zu treffen, ihre alten Adressen aufzusuchen und manchmal mit Schülern zu sprechen. Einige von ihnen wurden aufgrund dieser Besuche besser mit der Gegenwart fertig. Andere wurden dadurch stärker beunruhigt und aufgewühlt als zuvor. Aber dennoch gehen die Einladungen weiter, und dennoch nehmen Juden sie an.

In Tel Aviv heiratete Hilda Kaufmann, die mit ihren Eltern aus Frankfurt nach Israel geflohen war, Hans Hoffmann. Sein Vater war Oberrabbiner von Frankfurt gewesen und Hoffmann floh 1933 aus Deutschland in die Schweiz. Nach dem Krieg hatte er geschäftlich in Frankfurt zu tun, und von Anfang an sah er es als seine Aufgabe an, Brücken zwischen Israel und Deutschland zu bauen. Er dachte immer an die Jugend und begrüßte die Gelegenheit, mit Jugendlichen in Schulen und kirchlichen Gruppen zu sprechen. »›Wenn wir nicht mit deutschen Schulkindern sprechen, wer soll es dann tun?‹ fragte er mich schon früh«, sagte Hilda Hoffmann. »Im Grunde genommen wußte ich, daß er recht hatte. Wenn schon mein eigener Vater niemals darüber sprach, was ihm in den einunddreißig Tagen in Buchenwald widerfahren war, dann war klar, daß auch Deutsche dieses Alters nicht darüber sprechen würden. Aber ich hatte meine Probleme damit. Ich wollte einfach nichts damit zu tun haben. Wie ich schon sagte, war Frankfurt für mich ein Ort, wo ich Gräber aufsuchen wollte und nicht mit Deutschen sprechen.

Aber er gab nie nach, und nach einer Weile begann ich, meinen Mann zu begleiten. Zunächst fiel es mir schwer, aber allmählich gewöhnte ich mich daran. Und jetzt tue ich es ziemlich oft.« Sie schien sich ein bißchen aufzurichten, als sie sagte: »Tel Aviv ist eine Partnerstadt von Frankfurt, und wir veranstalten jedes Jahr einen Schüleraustausch. Hundert hier, hundert da, und seit mein Mann den Verband Ehemaliger Frankfurter Juden gegründet hat, gehen wir Frankfurter Juden zurück, um mit den Kindern zu reden.«

Die Arbeit war niemals leicht, aber Hans Hoffmann machte Fortschritte. Er und seine Frau luden zu Pessach 1965 sogar Deutschlands ersten Botschafter in Israel zum Seder zu sich nach Hause ein. »Das war alles andere als ein normaler Besuch«, sagte

Hilda Hoffmann. »Es gab so viel Feindschaft gegenüber dem Botschafter, daß die Polizei die gesamte Straße absperren mußte, als er an jenem Abend kam.«

Hans Hoffmann starb in den achtziger Jahren und seine Frau machte an seiner Stelle weiter. Er erlebte es nicht mehr, daß deutsche Jugendliche auf der Berliner Mauer standen und tanzten und lachten. Er erlebte nicht die Wiedervereinigung des Landes. Und er erlebte es auch nicht mehr, als Zehntausende deutscher Studenten auf den Straßen gegen den Golfkrieg protestierten, als sie lautstark forderten, die Alliierten sollten aufhören, den Irak zu bombardieren, während Saddam Husseins Scud-Raketen in Tel Aviver Wohnhäuser einschlugen.

Natürlich protestierten auch andere Europäer gegen den von den Amerikanern geführten Krieg gegen den Irak, doch allein der Anblick von Deutschen, die gegen den Krieg protestierten, die Einstellung gegen den Krieg bei viel zu vielen jungen Menschen brachten die deutsch-israelischen Freundschaftsgesellschaften in eine tiefe Krise. Einige Beziehungen zerbrachen unwiderruflich und erholten sich nie wieder. Als sie an diese dunklen Tage des Jahres 1991 dachte, rang Hilda Hoffmann die Hände. »Es war ein schrecklicher Schock. Zwar kamen viele, viele Briefe von Menschen – von Fremden, die wir nie gesehen hatten, alle aus Frankfurt – die unsere Kinder und Enkel aufnehmen wollten. Aber die Bilder im Fernsehen, deutsche Politiker, die tatsächlich behaupteten, die Israelis hätten sich das selbst zuzuschreiben, der Student im Fernsehen, der sagte, er wolle in den Irak gehen und Saddam Hussein helfen – das tat weh.« Während Israel angegriffen wurde und aus den USA, England, Kanada und anderen Ländern Solidaritätserklärungen für den jüdischen Staat kamen, machten deutsche Hausfrauen Panikkäufe, aus den Fenstern von Wohnhäusern hingen weiße Bettücher, und Studenten liefen mit Schildern herum, auf denen stand: »Ich habe Angst.« Während die Alliierten des Zweiten Weltkrieges einen feindlichen Staat bombardierten, wurden Bürger des ehemaligen Feindes fast hysterisch. In Amsterdam demonstrierten niederländische Studenten für Israel. Jenseits der Grenze wollten deutsche Studenten freiwillig in den Irak gehen. In Deutschland fanden auch Demonstrationen für den Krieg statt, und in diesem Jahr stiegen Spenden nichtjüdischer Deutscher an israelische Organisationen von den sonst etwa drei bis fünf Prozent der Einnamen auf fünfzehn Prozent. Aber die Stimmung der meisten Deutschen links von der Mitte schien eher anti-amerikanisch zu sein, und in Folge, anti-israelisch.

»Mir war übel, ich war wütend, aber vor allem wütend auf mich selbst, daß ich so vertrauensvoll gewesen war, daß ich an sie geglaubt hatte. Ja, ja, es gab Diskussionen. Und viele alte Freunde unterstützten mich. Aber nirgends sonst gab es eine solche Stimmung, so viele Menschen, die vom Krieg so erschreckt und in Panik versetzt waren wie in Deutschland, die so schnell bereit waren, für Saddam Hussein Verständnis aufzubringen und sich sogar auf seine Seite zu stellen. Und wenn es auch klar war, daß sich die Proteste gegen Amerika richteten, regte mich am meisten auf, daß vor allem die jungen Menschen sich so laut äußerten, mit denen ich so lange und so häufig gesprochen hatte.« Sie schwieg einen Augenblick. Dann seufzte Hilda Hoffmann und ihre Hände verkrampften sich in der Sessellehne. Ich fragte, wie der Golfkrieg ihre eigene Arbeit beeinflußt habe, ihren eigenen Brückenbau.

»Ich beschloß, wieder anzufangen«, sagte sie mit fester Stimme. »Noch härter zu arbeiten. Ja sicher, manchmal gibt es schlechte Nachrichten – aber so sind Nachrichten eben, schlecht. Es hat eine Weile gedauert, aber jetzt haben wir sogar diese schwarze Zeit abgeschüttelt. Wir machen weiter. Wir müssen es. Denn wenn meine eigene Generation nicht mehr da ist, wird es keine Zeugen mehr geben, keine deutschen Juden, die vor einer Klasse deutscher Jugendlicher sitzen können und darüber sprechen, was wir durchgemacht haben – *in ihrer eigenen Sprache*.«

Als ich aufstand, sagte Hilda Hoffmann: »Wissen Sie, bis vor kurzem habe ich selten über meine Vergangenheit gesprochen. Es war immer leichter für mich, Journalisten zu anderen Menschen zu schicken, zu anderen Freunden, die bereitwilliger waren zu sprechen. Ich mache es immer noch nicht oft. Sie können sich nicht vorstellen, wie schwer das ist. Jetzt spare ich meine Energie für meine Besuche in den Frankfurter Schulen. Dort wird sie am meisten gebraucht.«

יברכך ה׳ מציון
כל ימי חייך
וראה בטוב
ירושלים

Deutsche über Juden

Die Vergangenheit bleibt

Manchmal schmerzt die Ironie: der bärtige Mann in sauber gebügelter Rabbinerkleidung erhob seinen Kidduschbecher und sprach den Segen über den Wein, während ich photografierte. Nur war er kein Rabbiner, sondern Schauspieler in einer Berliner Produktion von »Anatevka«. In Köln besuchte ich eine Familie, die so streng orthodox war, daß ich mich an die Wohnung meiner Großeltern erinnert fühlte. Allerdings unterschied sich mein jüdischer Großvater von den Großvätern dieses fröhlichen jungen Paares – meiner war im Unterschied zu den ihren nicht in der Waffen-SS gewesen.

Deutsche über Juden, Deutsche werden Juden. Jüdische Dinge sind überaus populär in diesem Lande von achtzig Millionen Deutschen, in dem heute kaum sechzigtausend Juden leben. Theaterproduktionen von Scholem Alejchem- Geschichten und Klezmer-Bands spielen vor vollen Häusern. Nach Israel kommen jährlich mehr nicht-jüdische deutsche als amerikanisch-jüdische Schüler. Jedes Jahr werden unzählige Ausstellungen über jüdische Geschichte eröffnet und Denkmäler zur Erinnerung an den Holocaust eingeweiht. Und die Enkel von Nazis gehen ins Ausland, um in jüdischen Einrichtungen zu arbeiten, hebräisch zu studieren und gelegentlich sogar zum Judentum überzutreten.

In den letzten Jahrzehnten vollzog sich eine Wandlung von einem staatlich geförderten Antisemitismus zu einem weit verbreiteten Philosemitismus. Die manchmal dunklen Wendungen und peinlichen Kehren zeigen die schwierige Aufgabe einer Nation, die bei den Versuchen, ihre einmalig schreckliche Vergangenheit in den Griff zu bekommen, gelegentlich gründlich scheitert.

In den ersten Jahren nach dem Zweiten Weltkrieg war es schlicht unmöglich, alle Parteigänger aus Machtpositionen zu entfernen, denn der Nazismus war ja hausgemacht. Es ist auch nicht klar, ob jedes Dorf und jede Stadt dies überhaupt versuchte. Fast jeder achte Erwachsene gehörte der Partei oder einer ihrer Organisationen an. Viele Nazi-Richter, Lehrer, Ärzte blieben in ihren Positionen. Karl Jaspers beschrieb, wie Menschen, wenn sie sich Persilscheine verschaffen konnten, in hohe Stellungen gelangten, obwohl sich unter ihnen Mörder, Folterer oder bereitwillige Mittäter fanden. Jaspers erwähnte den bekannten Fall Hans Globke, der zwar kein Parteimitglied war, aber den Rechtskommentar zu den Nürnberger Gesetzen verfaßt hatte; dennoch blieb er nach dem Krieg ein ganzes Jahrzehnt lang ein enger Vertrauter von Kanzler Adenauer.[1]

1949 bestanden 43 Prozent der bayrischen Staatsregierung und 83 Prozent ihrer Staatsanwälte aus Menschen, die der NSDAP oder einer ihrer Untergliederungen angehört hatten. Zu jener Zeit hielten 40 Prozent der deutschen Bevölkerung den Nationalsozialismus für »eine gute Idee, die schlecht umgesetzt worden war«, und 1950 sagten 13 Prozent der Bevölkerung, sie würden auch jetzt noch die Partei der Nazis wählen.[2]

Im Jahrzehnt nach dem Krieg sah sich Deutschland zweigeteilt. Die Deutsche Demokratische Republik sah keine Probleme in einer Vergangenheit, mit der sie nichts zu tun haben wollte. Im Westen widmeten sich die Menschen dem Wiederaufbau ihrer Städte, ihres Lebens und ihrer Wirtschaft. Man vermied es, über die Vergangenheit nachzudenken oder zu dis-

Gottfried Strehle, Darsteller in »Anatevka« am Berliner Metropol-Theater. Mai 1993.

Jiddische Folkloregruppe Michaele Schön in den Hackeschen Höfen, Berlin. März 1995.

kutieren, geschweige denn, den Kindern darüber zu berichten.

Damit soll die moralische Führung der ersten Generation bundesrepublikanischer Politiker nicht abgewertet werden. Zu einer Zeit, als die Deutschen wußten, daß sie zu Parias der westlichen Welt geworden waren, als ihr gesamtes Wertesystem in Trümmern lag, machten sich ein paar mutige Menschen daran, dieser erschütterten Gesellschaft etwas zurückzugeben, was sie völlig verloren hatte: ein Gefühl für Ethik. Laut Jeffrey Herf, der viel und gut über die Geschichte der Bundesrepublik geschrieben hat, begannen »Theodor Heuss (der erste Präsident der Bundesrepublik), Kurt Schumacher (der Vorsitzende der SPD, den die Nazis zehn Jahre lang eingesperrt hatten) und eine Reihe weniger bekannter Personen mit der Vergangenheitsbewältigung und scheuten sich auch nicht, Lehren daraus zu ziehen.« Herf fügte hinzu: »Dies waren die Menschen, die dem Land zu einem Zeitpunkt moralische Führung anboten, als dies verzweifelt gebraucht wurde; auch Adenauer muß in gewisser Weise dazu gerechnet werden.« Die Frau des Kanzlers war 1948 an den Folgen der Gefängnishaft bei der Gestapo gestorben.

Abgesehen von den Politikern selbst gab es außerdem eine Gruppe westdeutscher Juristen, die sich – häufig gegen den Strom – darum bemühten, Nazi-Verbrecher vor Gericht zu bringen; das waren insbesondere die Angehörigen der Zentralen Stelle zur Aufklärung nationalsozialistischer Verbrechen in Ludwigsburg, die hunderte Fälle vorbereiteten und sich darum bemühten, für die Nazi-Verbrechen die Geltung der Verjährung nach zwanzig Jahren außer Kraft zu setzen.[5]

Während der Jahre des *Wirtschaftswunders* wurden Millionen Deutsche zu Lesern der rechtsgerichteten Bild-Zeitung und anderer Publikationen Axel Springers. Viele Jahre lang verbannten diese Zeitungen die Politik in die zweite Reihe und brachten lieber kurze, rührende Geschichten über arme alte Omas und kuschelige Haustiere, aber dennoch vertraten die Springer-Zeitungen eine entschieden pro-israelische Politik; ihre Journalisten mußten sich sogar schriftlich verpflichten, keine Artikel gegen den jüdischen Staat zu schreiben. Springer war Israel stets treu ergeben, und auch nach seinem Tod in den sechziger Jahren blieben seine Blätter auf dieser Linie.

Bald begannen rechte Parteien aufzusteigen und wieder zu verschwinden; sie errangen bei Wahlen in den Bundesländern ein paar Sitze und verloren diese bald darauf wieder. Keine konnte eine bundesweite Mehrheit erreichen.

Jüdische Friedhöfe und Altersheime wurden gelegentlich beschmiert, aber im großen und ganzen schien in den Sechzigern klar, daß die Bundesrepublik sich zu einer stabilen Demokratie entwickelte und daß ihre Wirtschaft den Arbeitern Arbeitsplätze, gute Ernährung und Zufriedenheit mit der Demokratie bescherte – zum ersten Mal in der deutschen Geschichte. Die Beziehungen zu den Juden, zum Holocaust und der Vergangenheit jedoch blieben tabu.

1967 veröffentlichten Margarete und Alexander Mitscherlich »Die Unfähigkeit zu trauern«, eine bahnbrechende Untersuchung über die nationale Psyche. »Die Verweigerung der Trauer tritt besonders häufig auf, wenn die fraglichen Verluste unwiederbringlich sind, und sie verursachen einerseits Schmerzen und andererseits Scham und Angst«, faßte Margarete Mitscherlich später an anderer Stelle zusammen. »Wir wehren die Erinnerung an die unmenschlichen Leiden von Millionen Opfern ab, weil uns bis heute die Massenvernichtung des nationalsozialistischen Deutschland nicht nur mit Scham erfüllt, sondern auch – wenn wir diese Gefühle in uns zulassen – mit unermeßlichem Entsetzen; und das ist ein schwerer Angriff auf unsere Selbstachtung als Deutsche.«

Als die Mitscherlichs ihr Buch veröffentlichten, begann das Tabu zu bröckeln. Während Studentenproteste amerikanische und europäische Universitäten erschütterten, begann die Generation von 1968 in Deutschland die Fragen auszusprechen, von denen ihre Eltern und Großeltern gehofft hatten, sie würden ihnen nie gestellt werden: Und was, Vater, hast du im Krieg getan? Und wen, Großmutter, hast du gewählt?

»Als ich meine Großeltern über den Krieg befragte«, erzählte mir Thomas Pelzer, ein Kölner Schauspieler, »sagten sie, ich würde sie nicht lieben, und wie ich solche Fragen stellen könnte. Fast niemand wollte in der eigenen Familie mit diesem Thema konfrontiert werden, und so hörten die Fragen auf.«

Aber die Reaktion auf das Schweigen ließ nicht nach, und wenn auch noch eine Unfähigkeit zum Trauern zu verzeichnen war, so doch nicht länger die Unfähigkeit zu Kritik und Frage.

Zum ersten Mal wurde die Rigidität des deutschen Erziehungswesens in Frage gestellt. Die angsteinflössende Macht des *Herrn Professors* war nicht länger absolut. Man stellte sich gegen die *Nicht-betreten*-Schilder in den Parkanlagen und warf sie schließlich weg. Autorität als solche war nicht länger heilig und die deutsche Gesellschaft im Wandel begriffen – zum ersten Mal seit der Bismarck-Ära, wie manch einer meinte. Andere spotteten, es läge an der Amerikanisierung der deutschen Gesellschaft, daß die Amis den Deutschen beigebracht hätten, ihre Beine zu entknoten.

Einige junge Deutsche gingen jedoch weit über das Entknoten ihrer Beine hinaus. Sie warfen mit Bomben und erschossen Menschen. Die linksextreme Rote-Armee-Fraktion, darauf aus, die Regierung zu stürzen, verlegte sich in ihren Aktivitäten auf Bombenangriffe, Entführungen und Mord. Die Regierung antwortete mit Panzern an Straßenecken und Polizeikontrollen und -sperren im ganzen Land. Ein großer Teil der Linken, die auf den verpackten Antisemitismus ihrer Eltern und den von »Bild« angeführten Pro-Israelismus reagierten, warfen sich in die Nahostpolitik und vertraten entschieden die palästinensische Sache. Ihre anti-israelische Rhetorik ähnelte auffallend den antisemitischen Tiraden des Dritten Reiches. Henryk Broder, ein jüdischer Journalist, hat darauf hingewiesen, daß die Beschreibung von Juden in einem linken Reiseführer fast identisch mit Josef Goebbels Propaganda war.

Andere waren sensibler. 1970 machte Westdeutschlands erster SPD-Kanzler, Willy Brandt, einen offiziellen Besuch in Polen. Vor dem Mahnmal für die jüdischen Widerstandskämpfer des Ghettos, die sich in hoffnungsloser Lage gegen die deutsche Armee

– NIE WIEDER –
1945

Eine Schulklasse bei der Führung durch die Ausstellung »Jüdische Lebenswelten« in Berlin. Januar 1992.

Bayerische Blaskapelle vor Beginn einer Gedenkfeier im Konzentrationslager Dachau. Mai 1993.

erhoben hatten, fiel Brandt plötzlich auf die Knie. Dies war ein erstaunlicher Akt der Scham. Das Photo ging um die Welt. Im eigenen Land fühlten sich besonders die jungen Menschen davon berührt.

In den frühen siebziger Jahren meldeten sich dann viele junge Deutsche freiwillig zu friedensorientierten Aktivitäten. Diese wurden von Organisationen wie Aktion Sühnezeichen, einem kirchennahen Konsortium, geleitet, das über die Jahre 50 000 Freiwillige ins Ausland schickte. Sie bauten Krankenhäuser, Behindertenheime, Synagogen und Kirchen wieder auf, um so Deutschlands vergangene Sünden wiedergutzumachen. Daß junge Männer dies an Stelle des Wehrdienstes tun konnten, spielte dabei wohl auch eine Rolle. Aber wer sich daran beteiligte, tat es gewöhnlich, weil er sich dazu getrieben fühlte, und es war klar, daß viele sich engagierten, um den Dialog zu führen, der ihnen zu Hause verweigert wurde.

Die nächste Welle der Erschütterung kam 1979 mit der US-Fernsehserie »Holocaust«. Vor und nach der Ausstrahlung kam es unter den Intellektuellen zu einer wütenden Debatte. »Anscheinend kann niemand verstehen, daß ›Holocaust‹ zunächst einmal (tatsächlich ausschließlich) ein Ereignis ist, oder besser, ein Objekt, das im Fernsehen ausgestrahlt wurde«, schäumte Jean Baudrillard 1979 in »Cahiers du Cinema«. Paul Piccone und Russel Berman fügten 1980 in der New German Critique hinzu: »Keine Sympathie für die angebliche Botschaft der Show kann die Probleme des Mediums überspielen, die durchaus die Bedeutung des Texts in ihr Gegenteil verkehren könnten. Tatsächlich stellt ›Holocaust‹ einen Extremfall dar: die Geschichte der Massenvernichtung und Massenkontrolle, dargestellt von einer Institution mit der historischen Funktion, eine formal unterschiedliche Gesellschaft zu homogenisieren und eine intolerante kulturelle Hegemonie zu errichten.«

Arme Intellektuelle! Sie konnten es einem verdummenden, an der Zuschauerbeteiligung orientierten, kitschigen TV-Melodram aus Hollywood nicht verzeihen, daß es von vierzig Prozent des deutschen Fernsehpublikums gesehen wurde und sein Publikum anrührte, ergriff und zutiefst verstörte. »Viele – aber nicht alle Intellektuelle – konnten nicht begreifen«, sagte der Romancier und Drehbuchautor Peter Schneider, »daß der durchschnittliche Fabrikarbeiter und seine Frau sich mit Meryl Streep *identifizieren* würden, sie auf ihrem Weg von einer schönen Frau zu einem Aschehäufchen zu begleiten und sich davon wirklich aufwühlen lassen würden. Darauf waren die Intellektuellen nicht vorbereitet. Und nach jeder Folge gab es Diskussionen mit verschiedenen Experten, die Telefonanrufe aus ganz Deutschland beantworteten, so daß die Leute über alles diskutieren konnten. Ich weiß noch, daß ein Mann anrief und sagte, seit dreißig Jahren sähen er und seine Frau jeden Abend nach dem Essen fern. Und nun habe sie ihn zum ersten Mal seit ihrer Heirat gefragt: ›Und was zum Teufel hast du im Krieg gemacht?‹ Und er tobte vor Wut!«

Julius Schoeps, ein jüdischer Historiker, der damals in Duisburg lehrte, ging noch einen Schritt weiter. »Die Medien in Deutschland standen immer in vorderster Front, wenn es um die Vergangenheit der Deutschen ging – nicht die Universitäten, wo ich lehrte. Meine Studenten an der Universität in Duisburg haben die Telefonanrufe untersucht, die während die Ausstrahlung von ›Holocaust‹ massenhaft einliefen: dreißig Prozent konnten einfach nicht glauben, daß Deutsche so etwas wirklich getan hatten. So tief war ihre Verdrängung, und so tief reichte diese Fernsehsendung in die Gesellschaft hinein, und so schlecht sie auch sein mochte, es funktionierte.« Seitdem sprach und lernte die deutsche Öffentlichkeit, einschließlich der Schulkinder, mehr über den Holocaust selbst.

Als 1982 dreizehn Jahre SPD-Regierung zu Ende gingen, trat der CDU-Vorsitzende Helmut Kohl an die Stelle von Helmut Schmidt. Kohl hatte nichts von Brandts spontaner Reue, und manchen Menschen schien, er wolle einen Strich unter die Vergangenheit ziehen, das »damals« vom »heute« trennen.

1984 besuchte Kohl Israel. Der begleitenden Presse zufolge (die anscheinend bereit war, an ihm die Messer zu wetzen) beging er schlimme Patzer. Als er durch das Holocaust Museum in Yad Vashem geführt wurde, bekamen Reporter mit, wie er einen Führer abschätzig beschied: »Ja, ja, ich kenne die deutsche Geschichte« und sich abwandte. Während einer Rede verwendete er dann den inzwischen notorischen Ausdruck von der »Gnade der späten Geburt«, womit er sich einer Generation zurechnete, die zu jung war, um noch Nazi gewesen zu sein. Helmut Kohl scheint gemeint zu haben, seine Generation sei zwar nicht schuldig geworden, aber es gebe eine moralische Verpflichtung zur Erinnerung, und das brachte er auch zum Ausdruck. Dennoch hörten viele auf der Linken den unverwechselbaren Ton einer zufallenden Tür. Peter Schneider schrieb später in der »Zeit«, der Kanzler habe »für die Generation, für die er zum Entsetzen vieler Gleichaltriger spricht, einen Unbefangenheits-Bonus in Anspruch genommen«, obwohl er nahezu seine »gesamte Schulzeit auf faschistisch gelenkten Schulen verbracht« habe.

Die nächste Katastrophe kam siebzehn Monate später. Ronald Reagan, auf der Suche nach einem Photomotiv, ähnlich bewegend wie das, auf dem sich der französische Präsident Mitterand und Helmut Kohl auf dem französisch-deutschen Soldatenfriedhof von Verdun 1984 an den Händen hielten, stimmte – auf Bitten des deutschen Kanzleramts – zu, einen deutschen Soldatenfriedhof in der Nähe von Bitburg zu besuchen. Hier waren jedoch nicht US- und deutsche Soldaten gemeinsam begraben; es waren Soldaten der Wehrmacht und der Waffen-SS.

Lehrer besichtigen die Ausstellung »Jüdische Lebenswelten« im Berliner Martin-Gropius-Bau, die von 350000 Besuchern gesehen wurde. Januar 1992.

Dies verursachte eine Explosion von Protesten aus jüdischen und nichtjüdischen Kreisen in den Vereinigten Staaten und anderswo. In der »Zeit« beschrieb Jürgen Habermas die ganze Angelegenheit als die erzwungene und erpreßte Rehabilitation der deutschen Wehrmacht und der SS – besiegelt mit dem beide verpflichtenden Händedruck ehemaliger Feinde. Aber die Regenbogenblätter Deutschlands gingen in die Offensive und griffen alle an, die Reagan nicht in Bitburg sehen wollten. Eine Zeitschrift, die auf den amerikanisch-jüdischen Protest abzielte, schrieb, Juden seien »nur ein wenig klüger, häufiger erfolgreicher, und jetzt also auch viel mutiger.«[4]

Geschichte war nun zu einem heißen Eisen geworden. Weit davon entfernt, unter den Teppich gekehrt zu werden, kam die verbotene Vergangenheit nun, fast überall, zum ersten Mal seit Kriegsende an die Luft. Der deutsche Bundespräsident Richard von Weizsäcker, ein aristokratisches Gegenstück zu Kohl, dem Mann des Volkes, besetzte den Bereich der hohen Moral. Nur wenige Tage nach dem Besuch in Bitburg hielt er 1985 vor dem Bundestag eine Ansprache zum vierzigsten Jahrestag des Kriegsendes. In einer bewegenden und bahnbrechenden Rede sprach Weizsäcker Wahrheiten aus, die in dieser Schärfe nie zuvor zum Ausdruck gekommen waren. »Aber jeder Deutsche konnte miterleben, was jüdische Mitbürger erleiden mußten, von kalter Gleichgültigkeit über versteckte Intoleranz bis zu offenem Haß. Wer konnte arglos bleiben nach den Bränden der Synagogen, den Plünderungen, der Stigmatisierung mit dem Judenstern, dem Rechtsentzug, den unaufhörlichen Schändungen der menschlichen Würde? Wer seine Ohren und Augen aufmachte, wer sich informieren wollte, dem konnte nicht entgehen, daß Deportationszüge rollten. Die Phantasie der Menschen mochte für Art und Ausmaß der Vernichtung nicht ausreichen. Aber in Wirklichkeit trat zu den Verbrechen selbst der Versuch allzu vieler, auch meiner Generation, die wir jung und an der Planung und Ausführung der Ereignisse unbeteiligt waren, nicht zur Kenntnis zu nehmen, was geschah.«

Die Bedeutung der Geschichte und die daraus zu ziehenden Lehren wurden zu einem Kampfplatz der Historiker. Ernst Nolte, ein Erzkonservativer, versuchte in einem Artikel für die »Frankfurter Allgemeine Zeitung« die Schrecken des Holocaust zu relativieren, indem er ihn mit anderen Untaten des zwanzigsten Jahrhunderts verglich, wie dem türkischen Massaker an den Armeniern und dem kambodschanischen Völkermord. Der Faschismus war in seiner Sicht eine Antwort auf den Kommunismus, und der Holocaust eine irrationale und übereifrige Reaktion auf die bolschewistische Bedrohung. Unter Berufung auf eine Rede Chaim Weizmanns von 1939, in der der spätere israelische Präsident die Juden zur Hilfe für die Briten aufrief, behauptete Nolte, Hitler habe sich von den Juden wirklich bedroht gefühlt und einen Verteidigungskrieg gegen sie vom Zaun gebrochen.

Dieser Artikel war die erste Salve im späteren Historikerstreit. Und wieder antwortete Habermas in der »Zeit« mit einem wütenden Artikel. Er schrieb, Nolte versuche eine Brücke zu schlagen, damit die Bundesrepublik in einem ungebrochenen Kontinuum an frühere imperiale Zeiten anknüpfen könne. Das funktioniere nicht und könne nicht funktionieren. Bald füllte eine erbitterte, zwei Jahre dauernde Debatte Bücher und Zeitschriften und lieferte Stoff für Konferenzen. Zum Schluß hatte Nolte Schwierigkeiten, angesehene Verlage für seine Theorien zu gewinnen, die immer bizarrer wurden.

Während der Wochen vor und nach dem fünfzigsten Jahrestag der »Kristallnacht« 1988 überfluteten Artikel über Juden, Deutsche und den Holocaust die Zeitungen wie niemals zuvor. Es erschienen Bücher, auf allen Kanälen liefen Fernsehdokumentationen, und in mehreren Städten wurden größere Ausstellungen sowie einige jüdische Museen und Forschungsinstitute über das Dritte Reich eröffnet. Die gesamte Gesellschaft schien auf alles Jüdische hochsensibel zu reagieren. Als der Präsident des Bundestags, Philipp Jenninger, eine wirre und schlecht vorgetragene Rede hielt, die unangemessen wirkte, mußte er zurücktreten.

Genau ein Jahr später, am einundfünfzigsten Jahrestag der »Kristallnacht«, wurde die Berliner Mauer eingerissen. In der Folge veränderte sich das Gesicht Deutschlands – und auch die Geschichte Europas. Doch selbst die Euphorie der deutschen Einigung konnte der Besessenheit des Landes mit seiner jüngeren Vergangenheit kein Ende machen. Ausstellungen über jüdisches Leben, öffentliche Podiumsdiskussionen und Zeitschriftenartikel vervielfachten sich in den Jahren nach der Wiedervereinigung sogar noch, allen düstereren Voraussagen zum Trotz, ein großes Deutschland werde ein vergeßliches Deutschland sein.

In Deutschland spielten jetzt mehr Klezmer-Musiker als in den USA. Harry's Freilach veranstaltete sogar einen Klezmer-Workshop für diejenigen, die seine besondere Würze besser kennenlernen wollten, was immer das bedeuten mochte. Als 1992 im Berliner Martin-Gropius-Bau die große Ausstellung »Jüdische Lebenswelten« eröffnet wurde, kamen in den vier Monaten ihrer Dauer 350000 Besucher. In einer Stadt mit damals etwa 10000 Juden waren diese wohl kaum die ausschließliche Zielgruppe.

1995 erntete die Erwähnung, daß sechs Jahre zuvor die Menschen auf der Mauer getanzt hatten, nur noch ein gleichgültiges »na und«. Die deutsche Vereinigung wurde am dritten Oktober vollzogen, und dieser wurde zum Feiertag erklärt. Der 9. November blieb das Datum, an dem sich die Deutschen der »Kristallnacht« und nicht des Endes des Kommunismus erinnern. Ein weiterer Gedenktag kam hinzu: Der 27. Januar, an dem die Sowjetarmee 1945 Auschwitz befreite.

1996 berichtete Monika Richarz, die ehemalige Leiterin des Leo-Baeck-Instituts in New York und heutige Direktorin des Hamburger Instituts für die Geschichte der deutschen Juden, daß inzwischen jährlich über tausend Bücher auf deutsch über die jüdische Geschichte und Kultur erscheinen. »Wir konnten mitansehen, wie im ganzen Land die jüdischen Museen buchstäblich aus dem Boden schossen«, sagte sie. »Vor zehn Jahren war ich froh über jede Einladung zu Konferenzen, die in Deutschland über jüdische Geschichte abgehalten wurden und sagte jedes Mal zu. Jetzt lehne ich viel mehr Angebote ab, als ich annehmen kann. Es sind einfach zu viele.« Sie durchwühlte die Papiere auf ihrem Schreibtisch und zog eine Broschüre über ein demnächst zu eröffnendes Jüdisches Museum in Halberstadt hervor, dann einen weiteren Prospekt über eine Abteilung für Jüdische Studien an der Universität Braunschweig. Andere Prospekte ragten aus dem Haufen heraus: Rendsburg baute eine Synagoge wieder auf. In Gießen hatte man ein jüdisches Gotteshaus buchstäblich aus einem Dorf in der Nähe in die Stadt versetzt. Monika Richarz gab mir eine Broschüre des Zentralarchivs für jüdische Geschichte in Deutschland, das jetzt in Heidelberg arbeitet.

In ihrem eigenen Institut, das 1966 als Studienzentrum über die Hamburger Juden der Vorkriegszeit gegründet wurde, besuchen jährlich mehr als hundert Studenten der Universität die Kurse und Vorlesungen.

Bei der Betrachtung einer Ausstellung über die Geschichte des Antisemitismus im Museum des Konzentrationslagers Sachsenhausen. September 1995.

Refers to the Christian Crusades at the close of
the 11th century and during the entire 12th century for the »Liberation of the Holy Land« which
was combined with barbaric persecutions of
Jews in Palestine and Europe.

In Berlin gibt es nicht nur das Seminar für Judaistik an der Freien Universität, sondern auch das Zentrum für Antisemitismusforschung an der Technischen Universität. An beiden zusammen haben inzwischen fast 1000 Studenten Kurse belegt. Und 1994 verließ Julius Schoeps seine Stelle in Duisburg um in Potsdam, dreißig Kilometer südlich von Berlin, das Moses Mendelssohn Zentrum zu eröffnen. Auch Köln und Frankfurt bieten jüdische Studien an.

»Das soll nicht bedeuten, es gäbe in Deutschland heute keinen Antisemitismus mehr«, sagt Richarz. »Den gibt es absolut. Man braucht sich nur die Gewalttaten der Neonazis in den letzten paar Jahren anzusehen. Außerdem könnte man sagen, daß die Deutschen vor allem an der Vergangenheit interessiert sind, oder wie es manche etwas unfein ausdrücken: an toten Juden. Aber sie studieren, sie lernen. Und ich denke mir: Warum soll ich gegen das Interesse kämpfen?«

Wie tief dieses Interesse die deutsche Gesellschaft durchdringt, ist schwer zu sagen. Es gibt über siebzig Städtepartnerschaften zwischen Israel und Deutschland. Chöre, Orchester und Sportvereine werden hin- und hergeschickt. Weder die israelische Botschaft in Bonn noch die deutsche Botschaft in Tel Aviv konnte mir die Zahl der deutsch-israelischen Freundschaftsgesellschaften nennen (beide schätzten diese Zahl auf weit über hundert). Aber viele dieser Organisationen werden von sechzigjährigen oder weit älteren Menschen geleitet, und es heißt, heutzutage träten nur noch wenige junge Deutsche bei.

Die drei großen deutschen politischen Parteien unterhalten sämtlich Büros in Israel und unterstützen Programme an verschiedenen Universitäten sowie arabisch-jüdische Gesprächsgruppen. Sie vergeben auch Stipendien für Wissenschaftler, Studenten und Techniker in Deutschland. Alle geben jedoch zu, daß viele Stipendien für Deutschland unbesetzt bleiben.

Ein reges Austauschprogramm verbindet auch deutsche und israelische Politiker miteinander, und das nicht nur auf politischer Ebene. Die Zentralwohlfahrtsstelle der Juden in Deutschland veranstaltet für Lehrer und Sozialarbeiter aus dem ehemaligen Ostdeutschland Besuchsreisen an israelische Schulen. Bennie Bloch, der Leiter des Zentralwohlfahrtsstelle, sagte: »Weil Israel so viel Erfahrungen im Umgang mit neuen Einwanderern hat, denken wir, daß wir uns dieses Wissen zunutze machen können. Jetzt, wo so viele Juden aus der ehemaligen Sowjetunion nach Deutschland kommen.« Eine Vielzahl von Organisationen wie die Atlantik-Brücke und die Bertelsmann-Stiftung veranstalten Konferenzen über die israelisch-deutschen Beziehungen, während die Mitarbeiter der israelischen Botschaft in Bonn und ihre Kollegen in Berlin durch die Bundesrepublik reisen und Vorträge halten, Ausstellungen eröffnen und mit Studenten diskutieren. Es ist zum Beispiel nicht ungewöhnlich, wenn Jaakov Sefer-Vismunski, Israels Konsul in Berlin, in einer Woche in vier Städten zehn Vorträge hält.

Zvi Liran, der Leiter des Touristikamtes der israelischen Regierung, meinte, im letzten Jahr hätten über eine Viertelmillion Deutsche Israel besucht. Für ein Land von 80 Millionen Einwohnern ist dies enorm, verglichen mit 500000 Besuchern aus Kanada und den Vereinigten Staaten. Die meisten taten kaum mehr, als sich in Eilat an den Strand zu legen und sich im Toten Meer photografieren zu lassen, aber viele besuchten auch jüdische Stätten, darunter Yad Vashem, das Holocaust Museum Israels. Dort traf ich Erich Spier, einen Pastor aus Berlin, der möglichst viele Ostdeutsche nach Israel zu bringen versucht. »Sie wissen so wenig«, sagte er, während er in Yad Vashem eine Gruppe von Lehrern aus Potsdam betrachtete. »Für viele von ihnen ist dies der erste Kontakt mit der Wahrheit.«

Das deutsche politische Establishment hat auch viel für amerikanisch-jüdische Gruppen übrig. Das American Jewish Committee, B'nai B'rith und Hillel arbeiten mit den politischen Stiftungen, dem Bundespresseamt und der regierungsnahen Organisation Inter Nationes zusammen. Angehörige amerikanischer Organisationen werden nach Deutschland gebracht, um dort mit Politikern, Schülergruppen und Soziologen zu diskutieren. Außerdem besuchen sie Konzentrationslager. In den letzten Jahren erlebte ich von Deutschland veranstaltete Reisen von jüdischen Museumsdirektoren, dem Rabbinat von Chicago, den Präsidenten der amerikanisch-jüdischen Organisationen und Redakteuren jüdischer Zeitungen. Diese Reisen sollen, um es in der üblichen Regierungssprache auszudrücken, Verständnis wecken und Außenstehenden ein besseres Bild von Deutschland vermitteln; Gerhard Wahlers, der sich für die Konrad-Adenauer-Stiftung um die amerikanisch-jüdischen Besuchsreisen kümmerte, bevor er in ihr israelisches Büro versetzt wurde, meinte allerdings: »Wenn wir ehrlich sind, verfolgt jede Seite ihre eigenen Interessen.«

In Deutschland werden immer wieder Umfragen über die Einstellung zu Israel und den Juden durchgeführt. Nach einer Erhebung von Emnid für das American Jewish Committee aus dem April 1994 wollten 22 Prozent der Deutschen keinen Juden zum Nachbarn haben. Aber der Prozentsatz derer, die keine Afrikaner, Polen, Türken, Vietnamesen, Araber oder Roma als Nachbarn haben wollten, war noch höher. 11 Prozent der Westdeutschen wollten noch nicht einmal einen Ostdeutschen als Nachbar. Zwanzig Prozent meinten, die Juden hätten zuviel Einfluß in der Gesellschaft, und mehr als die Hälfte stimmte der Aussage zu, »wir sollten nicht so viel über den Holocaust reden«. Aber 26 Prozent waren der Ansicht, daß Antisemitismus in Deutschland ein ernsthaftes Problem sei, und 46 Prozent äußerten die Befürchtung, er werde zunehmen.

Auch Helmut Kohl lernte aus den Ausrutschern seiner frühen Kanzlerzeit. Als Meisterpolitiker hielt er es nicht für notwendig, in Wahlveranstaltungen über Themen zu sprechen, die sich auf die Vergangenheit bezogen. Aber ein strahlender Helmut Kohl schaute zu, als im Juni 1995 in Jerusalem Studenten und Dozenten der Hebrew University einem Zentrum für Europäische Studien seinen Namen verliehen. Sechs Monate später, anläßlich eines B'nai B'rith Empfanges in München, schien es Kohl aus der Seele zu kommen, als er darüber sprach, wie in seiner Kindheit die Synagoge seiner Heimatstadt brannte und dennoch einige Juden mutig genug waren, nach dem Krieg wieder jüdisches Leben in Deutschland aufzubauen.

Denkmale und Mahnmale an den Krieg und den Holocaust wurden und werden im ganzen Land gebaut. Ihre Entwürfe werden kontrovers diskutiert, und nur wenige sind dazu angetan, die Besucher wirklich emotional zu berühren, andere können es gar nicht. Treffender ausgedrückt: Man könnte den Deutschen sicherlich eher vorwerfen, die Vergangenheit völlig zu ignorieren, wenn es diese Monumente nicht gäbe.

Einige verwischen die Linie von Schuld und Verantwortung in unangenehmer Weise. Folgende Tafel ist an der rekonstruierten Neuen Wache in Berlin angebracht: »Für die Opfer faschistischer und terroristischer Regimes«. Aber auf der anderen Seite der Straße, an der Stelle, wo Josef Goebbels die Bücher jüdischer Autoren 1933 auf einem Scheiterhaufen verbrennen ließ, befindet sich ein Denkmal, bei dessen Betrachten es einen fröstelt – durch eine Glasscheibe blickt man in einen unterirdischen Raum, gesäumt von weißen, leeren Buchregalen.

Nur wenige Mahnmale haben die emotionale Aussagekraft der einfachen Schilder, die im Berliner Bayerischen Viertel stehen, in dem früher Juden der Mittelschicht wohnten. Hier, von einem Laternenmast neben einer Parkbank, hängt ein Schild mit dem Bild einer Parkbank. Auf der anderen Seite des Schildes steht das Datum, ab dem Juden nicht länger auf Bänken sitzen durften. Nur einige Meter entfernt, gerade vor dem Eingang eines Bankgebäudes, informiert ein Schild darüber, wann der Eintritt für Juden verboten war. Viele dieser Schilder sind über das Viertel verteilt – Erinnerungen vor Bäckereien, Gemüseläden, Krankenhäusern. Die Bevölkerung geht einkaufen, Kinder spielen, Inhaber öffnen und schließen ihre Geschäfte, gerade so wie ihre jüdischen Nachbarn es gemacht hatten, bevor ihnen erst ihre Rechte und dann ihr Leben genommen wurden.

1 Vgl. Jaspers, Karl: Wohin treibt die Bundesrepublik? München 1966.
2 Vgl. Stern, Frank: The Whitewashing of the Yellow Badge. Anti-Semitism and Philo-Semitism in Postwar Germany, Oxford 1992.
3 Vgl. Herf, Jeffrey: The Nazi-Past and the Two Germanys, Harvard 1996.
4 Vgl. Funke, Hajo: Bitburg, Jews and Germany. Er analysiert einen Artikel aus der »Quick« vom 25. April 1985, der ohne Namen erschien, o.O. 1986.

Eine Gruppe von Potsdamer Lehrern besucht die Gedenkstätte Yad Vashem. Januar 1995.

Gedenkfeier aus Anlaß der »Kristallnacht« 1938 in der Volkskammer der DDR. November 1988.

Deutsche Touristen in der Gedenkstätte Yad Vashem in Jerusalem.
Oktober 1993.

Rechts
Ignatz Bubis, Vorsitzender des Zentralrats der Juden in Deutschland,
mit Bundeskanzler Kohl bei der Eröffnungsfeier des Centrum Judaicum in Berlin.
Mai 1995.

Seiten 66/67
Im Holocaust Museum in Washington. März 1995.

Deutsche über Juden

Vom Objekt zum Subjekt

Nadja März, freiwillige Helferin der Aktion Sühnezeichen, bei der Pflege eines jüdischen Friedhofs in Szprotawa, Polen. Mai 1993.

Die Deutschen waren nach Polen gekommen, um sich um tote Juden zu kümmern. Die polnischen Juden waren gekommen, um zu sehen, wie die Deutschen das machten. Und Marc Fisher von der »Washington Post« und ich waren mitgefahren, um zu sehen, wie sie miteinander umgingen.

Achtundzwanzig Freiwillige vom Büro der Aktion Sühnezeichen in Berlin waren im Juni 1993 nach Polen gereist, um den vernachlässigten jüdischen Friedhof von Szprotawa, einer kleinen Stadt in Nordwest-Schlesien, instandzusetzen. Sie liegt in einer Region, die zu Deutschland gehörte, seit die Preußen sie im 18. Jahrhundert den Polen abnahmen. Jahrhundertelang lebten hier in einer ethnischen Mischung Deutsche, Polen und Juden; während des Dritten Reichs verjagten oder ermordeten die Deutschen die Juden und Polen. Als Stalin 1945 die Grenze Polens nach Westen verschob, verjagten die Polen die Deutschen. Um dieses entvölkerte Land aufs Neue zu besiedeln, wurden der Bevölkerung in Ostpolen, das damals an die Sowjetunion fiel (heute Ukraine und Weißrußland), eine neue Heimat in Schlesien und Pommern angeboten.

Darunter waren auch Mauricy Kailer und seine Frau und Moses Grin, drei Juden, die dem Schicksal ihrer Familien entgingen, weil sie während des Kriegs nach Osten flohen, nach Sibirien. Wie etwa 10000 weitere Juden blieben sie später in Polen – trotz der periodischen Ausbrüche von Antisemitismus der Nachkriegszeit. Zusammen mit ungefähr hundert älteren Juden lebten sie im nahegelegenen Zary. Sie alle waren aus Galizien umgesiedelt worden.

Mauricy Kailer war ein beeindruckender Mann. In einem dreiteiligem Anzug mit Filzhut, einen Regenmantel über die Schultern gehängt, hielt er sich auch mit vierundachtzig Jahren noch gerade und bewegte sich mit Hilfe eines grobbehauenen Stocks vorwärts. Er war mit seiner Frau und Grin, dem Vorstand der Gemeinde von Zary, gekommen, um sich die Arbeit der Aktion Sühnezeichen anzusehen. Die alten Juden begutachteten, wie die Deutschen auf dem Friedhof von Szprotawa Bäume fällten, Gras mähten, Zäune reparierten und umgefallene jüdische Grabsteine aufrichteten. Sie lobten die Arbeit und erklärten sich bereit, im

Ein freiwilliger Helfer der Aktion Sühnezeichen im Gespräch mit Moses Grin.

Gästehaus, wo die Deutschen untergebracht waren, noch etwas zu plaudern.

Während in der Küche ein vegetarisches Mahl zubereitet wurde, stellte Torsten Schramm, der Leiter der Gruppe, Stühle in einem Kreis auf. Torsten begann mit den Worten, er wolle erklären, warum sie gekommen seien und was sie zu erreichen hofften. Kailer und Grin zuckten die Achseln und lächelten.

»Mein Vater war in der SS«, erklärte Torsten den drei Juden, deren Familien von den Nazis ermordet worden waren. »Ich habe ein Buch über unsere Beziehung geschrieben und mich sehr intensiv mit der deutschen Vergangenheit auseinandergesetzt.« Er sprach weiter über jene Dinge, die der deutschen Linken am Herzen liegen: die Friedensbewegung und das Bedürfnis der Deutschen, ihrer Vergangenheit ins Auge zu sehen, indem sie die Sünden ihrer Väter durch Arbeit wiedergutmachten. Aktion Sühnezeichen wäre in jedem Land tätig, das ein Opfer des Dritten Reiches sei, und sie hatten auch schon mit Cesar Chavez und den United Farm Workers in Kalifornien zusammengearbeitet. Er wartete auf eine Reaktion Kailers. Der alte Mann lächelte nur.

Auch Barbara Schultzes Eltern waren Nazis gewesen. Sie wußte nicht, was sie sagen sollte, aber weil sie nicht stumm bleiben wollte, fragte sie Kailer, ob sie und ihre Freunde etwas für ihn tun könnten.

Der alte Jude sagte nein und tätschelte ihr die Hand. Dann herrschte Schweigen. So fing Torsten wieder an und erzählte den Besuchern von anderen Programmen der Aktion Sühnezeichen, von ihrer Arbeit in Holocaust-Museen in den Vereinigten Staaten und von ihren Projekten in Israel. Dann herrschte wieder Schweigen.

Kailer, die ledrigen Hände um seinen Stock geklammert, räusperte sich. Langsam sprach er mit tiefer und ernster Stimme die Worte aus: »Ich bin in Österreich geboren«. Dann kam eine Pause und ein verlegenes Lächeln, »in einer k.u k. Stadt namens Lemberg«. Mit diesen wenigen Worten versetzte sich der vierundachtzigjährige Mann, der ein halbes Jahrhundert lang für die letzte jiddische Zeitung in Polen Erzählungen und Artikel geschrieben hatte, zurück in die Zeit, als Kaiser Franz Josef das Österreichisch-Ungarische Reich regierte, das sich von den Ufern der Adria bis ins galizische Polen erstreckte. Er sprach von einer Zeit, als Millionen Juden des Kaisers Portrait in ihren Wohnungen hatte, von der Lebendigkeit jüdischen Lebens, der Literatur und Kultur im gesamten Kaiserreich, wie Juden nicht nur in verarmten Stetls lebten, sondern die Universitäten in Prag und Wien besuchten, um zu lernen, zu schreiben, zu schaffen und zu bauen. Wie er mit seinen Freunden über Politik diskutierte und wie sie Partei ergriffen und zu Sozialisten, Kommunisten, Zionisten und Kapitalisten wurden. Kailer machte eine Pause und fügte dann hinzu, daß zu Beginn des Jahrhunderts die Juden sich im Kaiserreich auf eine Zukunft freuten, die so strahlend und vielversprechend sein sollte, wie die vergangenen fünfzig Jahre.

Aber dazu sollte es nicht kommen. Der Kaiser starb während des Ersten Weltkriegs, sein Reich wurde unter den Nachfolgestaaten aufgeteilt, die zu Feinden wurden, überall herrschte Chaos und dann kam Hitler. In einem Raum voll wohlmeinender junger deutscher Linker sprach Mauricy Kailer von den verlorenen Hoffnungen, den zerstörten Welten und ausgelöschten Leben der Juden Mitteleuropas. Seine Freunde wurden ermordet, ihre Häuser zerstört, sogar die Spuren ihres Lebens waren nun verschwunden. Er sprach leise und seine Augen schauten auf die Welt zurück, die er noch genau fühlen konnte. »Wissen Sie«, sagte er und ließ seine Augen durch den Raum wandern, »wir sind die letzten der Mohikaner.« Er streichelte die Hand seiner Frau. Leise lächelnd schaute Moses Grin auf den Boden.

Ich dachte, jeder müsse von seinen Worten so ergriffen sein wie ich.

Eine Hand flog in die Höhe und eine kesse blonde Frau sagte mit fröhlicher Stimme: »Ich würde Ihnen gern über unseren Marsch gegen die Pershing-Raketen in Bonn von 1983 erzählen. Damals sind sich die meisten von uns hier zum ersten Mal begegnet.«

Kailer lächelte nachsichtig. Die Juden, die die Vernichtung ihrer Welt miterlebt hatten, und die jungen Deutschen, deren Eltern sie zerstört hatten, sprachen nicht wirklich miteinander. Bevor die alten Juden über die Wiesen und die verlassenen deutschen Bauernhöfe Nordwest-Schlesiens nach Hause fuhren, sangen Torsten und seine Freunde Schalom Alejchem und dankten den dreien, daß sie gekommen waren.

Beatrix Kirchhofer, die sich in ihrer Heimatstadt Freiburg zur Krankenschwester hatte ausbilden lassen, war niemals auf die Idee gekommen, sich einer Gruppe wie Aktion Sühnezeichen anzuschließen. Sie war 1994 als »Rucksack-Touristin« in Israel gewesen und hatte das Land mit dem Bus erforscht. Der jüdische Staat und ihre eigenen Gefühle als Deutsche beschäftigten sie so sehr, daß sie etwas tun wollte – nicht über eine Kirche oder Friedensgruppe, sondern direkt. Sie besprach es mit ihren Eltern. »Tu es«, sagte ihre Mutter zu ihr. »Und versuche, den Eindruck zu vermitteln, daß es auch ein paar gute Deutsche gibt.«

Beatrix, achtundzwanzig Jahre alt, machte sich daran, Briefe an Altersheime in ganz Israel zu schreiben. Die meisten antworteten nicht, oder sie schrieben zurück, sie bräuchten keine Freiwilligen. Aber Miriam Shetreet, Sozialarbeiterin in dem vorwiegend deutsch-jüdischen Siegfried-Moses-Heim in Jerusalem, antwortete sofort. Miriam Shetreet wußte, wie schwer es war, deutschsprachige Hilfe zu finden, und da viele der Bewohner des Heimes an Gehirnschlägen und Altersschwäche litten, vergaßen sie ihr Hebräisch und fielen in ihre Muttersprache zurück. Früher war es einfacher gewesen, Nachkommen deutscher Juden ausfindig zu machen, wie Miriam selbst. Aber inzwischen war es fast schon unmöglich, israelische Krankenschwestern zu finden, die deutsch sprachen, und Miriam Shetreet wartete nur auf Briefe wie den, der aus Freiburg auf ihren Schreibtisch kam. Im Winter 1995, als die Berge um ihre Heimatstadt von Schnee bedeckt waren, flog Beatrix nach Israel, machte sich daran, hebräisch zu lernen, und begann ihre achtmonatige Arbeit im Siegfried-Moses-Altersheim.

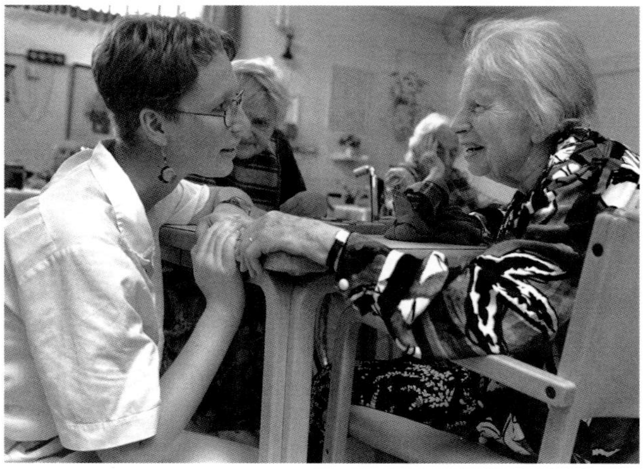

Beatrix Kirchhofer aus Freiburg arbeitet als ehrenamtliche Helferin im Siegfried-Moses-Altenheim in Jerusalem. Mai 1995.

»Ich glaube, ich fühlte mich etwas in der Defensive, weil ich nicht erwartete, daß ich als deutsche Krankenschwester in diesem Heim besonders warm begrüßt werden würde«, sagte sie mir, als sie eines Morgens ihren Arbeitsplatz vorbereitete. »Ich meine, ich kam, weil ich kommen wollte, und vermutlich konzentrierte ich mich auf die Tatsache, daß das nötig war. Ich vergaß einfach – nein, ich wußte nicht – wie nett alle sein würden. Ich weiß, daß das wahrscheinlich ein Klischee ist, aber jüdische Menschen sind so warm und freundlich.« Sie wurde ein bißchen rot. »Nicht so wie wir zu Hause.« Sie unterdrückte ein Kichern, dann eilte sie hinter einer ihrer Schutzbefohlenen her. Frau Sonnenblum aus Graz verirrte sich häufig und wurde dann ganz aufgeregt. Am folgenden Morgen begleitete ich Beatrix auf ihrer Runde. Sie begann unten, wo die ständig Pflegebedürftigen in ihren Betten lagen oder neben dem Bett in ihren Sesseln saßen. Sie mußte Pillen ausgeben, Augen und Nasen reinigen, Tropfen und Injektionen verabreichen und Salben auftragen. Oben fuhr Beatrix mit ihrem Arzneiwägelchen umher. Wenn sie in einen Raum kam, blitzte ein Lächeln auf, manche Patienten rieben sich glücklich die Hände, freundliche Worte fielen von beiden Seiten. »Sie sehen wunderbar aus«, sagte sie zu einer Patientin. »Sie werden bestimmt wieder gesund«, sagte sie zu einem anderen. Mit manchen unterhielt sie sich kurz, und ein paar alte Menschen umfaßten mit ihren altersfleckenübersäten Händen die ihren.

Es war intensive Arbeit, von sieben Uhr morgens bis zur Essenszeit. »Ich fühle mich wegen der Vergangenheit nicht schuldig, aber ich bin hier, weil ich mich verantwortlich fühle«, sagte Beatrix Kirchhofer. »Ich meine, es ist in Deutschland geschehen und ich bin Deutsche. Das ist eine einfache Gleichung. Ich bin nicht stolz, Deutsche zu sein, und ich habe das Land auch nicht aufgebaut. Aber die Menschen hier, die aus Deutschland verjagt wurden, sie kamen her, sie arbeiteten, und ich weiß, daß es kitschig klingt, aber sie brachten die Wüste zum Blühen. Sie taten es nun mal! Und darauf kann man stolz sein.« Sie sah nach draußen. Vier Patienten begannen gerade mit einer Partie Bridge. »Aber wenn sie von der Vergangenheit sprechen, besonders die, die im Lager waren, dann kann ich das kaum ertragen. Manche wollen darüber sprechen. Manche müssen darüber sprechen. Und es gibt Zeiten, da fühle ich mich hinterher so furchtbar, daß ich in das Dienstzimmer hinuntergehe und weine und denke, daß ich es nicht mehr aushalte, und ich mich frage, auf was ich mich da eingelassen habe.« Sie hielt inne und horchte nach draußen. »Es ist wieder Frau Sonnenblum«, seufzte sie. »Ich glaube, ich werde mal lieber ein bißchen mit ihr reden.«

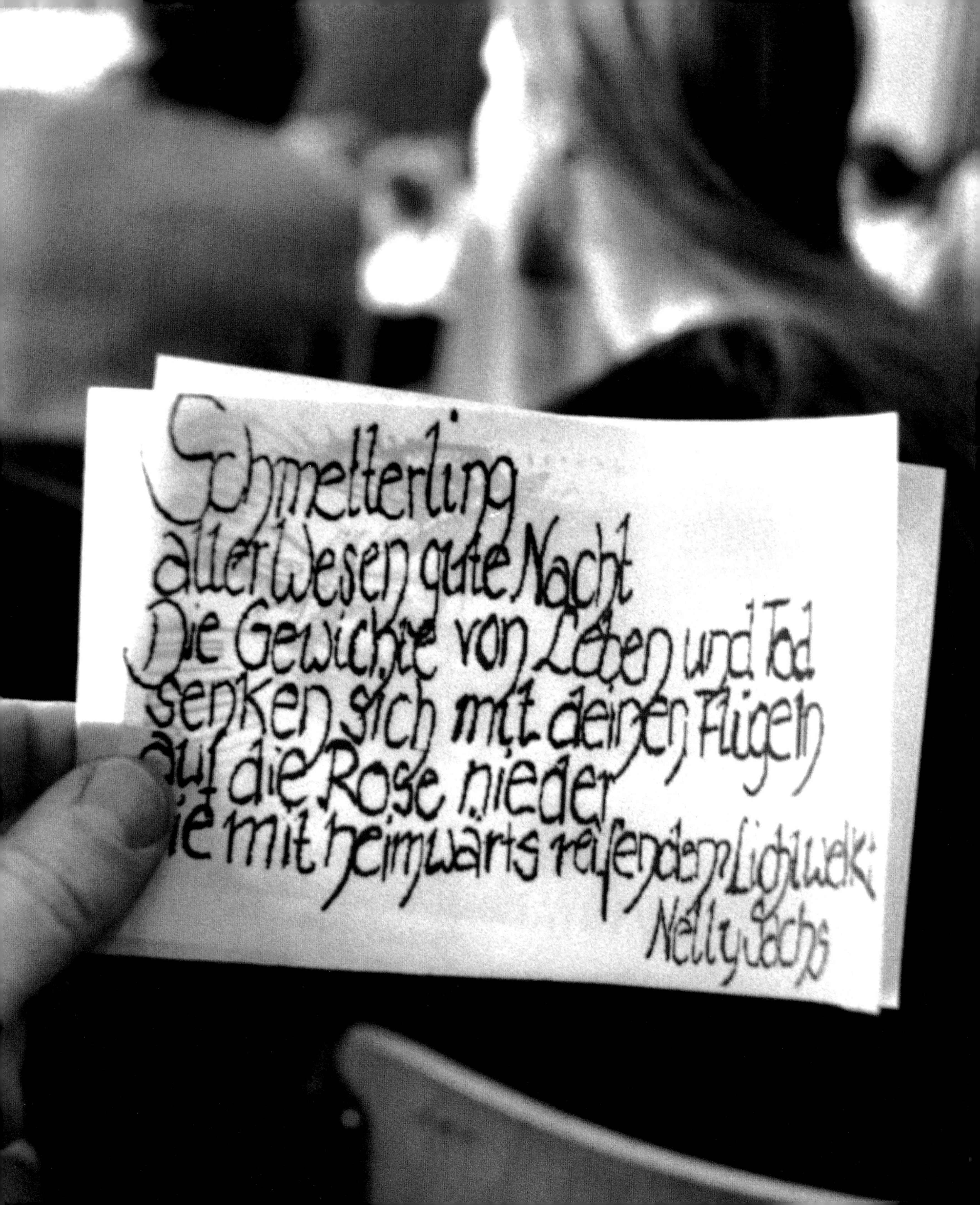
Schmetterling
aller Wesen gute Nacht
Die Gewichte von Leben und Tod
senken sich mit deinen Flügeln
auf die Rose nieder
ie mit heimwärts reifendem Licht welkt
Nelly Sachs

Deutsche über Juden

Nochmal in die Schule

Es war die Art Anfrage, die ich normalerweise sofort ablehne, und was ich aus zweiter Hand gehört hatte, gefiel mir auch nicht. Man sagte mir, das Stadttheater Schwerin, eine ostdeutsche Stadt nördlich von Berlin in Mecklenburg-Vorpommern, wolle anläßlich einer Inszenierung von »Anatevka« Photos aus meinem ersten Buch über Juden in Osteuropa aushängen. Das amerikanische Konsulat in Berlin hatte nachgefragt, und ich reagierte mit einem eindeutigen Nein.

Einige Tage später kam Nicu Merc vorbei, ein Westberliner Dramaturg, der am Schweriner Theater arbeitete; er sagte mir, warum er meine Photos brauche. »Weil sie da einfach überhaupt nichts über Juden wissen, und deine Aufnahmen von Kindern und Eltern und dem wirklichen Leben heute helfen können, Stereotype zu durchbrechen. Wenn wir ein bißchen Text dazu schreiben, damit die Leute wissen, daß Juden auch heute noch in diesen Ländern leben, wenn wir den Schulkindern diese Bilder zeigen können und du vielleicht mit ihnen darüber sprichst, dann haben wir etwas erreicht.«

Ich sagte sofort zu. Ich war schließlich neugierig zu erfahren, was deutsche Schulkinder über die Vergangenheit, den Holocaust und Juden lernten. Hier war eine Chance mehr zu erfahren. Einige Wochen später stieg ich an einem regnerischen Wintertag aus dem Zug in Schwerin.

Auf Schwerin selbst waren während des Zweiten Weltkriegs nicht viele Bomben gefallen, und die DDR hatte dort auch nicht viel Schwerindustrie angesiedelt. So war die Stadt noch fast intakt, und nach 1989 begann Schwerin mit einem Erneuerungsprogramm; als die Gerüste abgebaut waren, kam eines der reizvollsten und elegantesten Stadtzentren Mitteleuropas zum Vorschein, das ich je gesehen hatte.

Wie Merc angekündigt hatte, waren meine Bilder im Schweriner Theater ausgehängt, und aus mehreren Schulen kamen Klassen vorbei. Ich blieb fast einen ganzen Tag dort und alle Gruppen waren ausnahmslos höflich, jede schenkte mir einen kleinen Blumenstrauß. Ich hielt den gleichen Vortrag wie üblich: daß es in ganz Osteuropa noch jüdisches Leben gibt, obwohl die Deutschen sich während des Krieges alle Mühe gegeben hatten, dem ein Ende zu machen. Daß die Welt der osteuropäischen Juden nirgends mehr existierte, außer in Antwerpen, New York, Jerusalem und einigen wenigen anderen Orten. Die Juden in Ungarn, Bulgarien und der tschechischen und slowakischen Republik seien stolz auf ihre Wurzeln und auf ihre Religion, aber ebenso stolz, Ungarn, Bulgaren, Tschechen und Slowaken zu sein.

Es wurden Fragen gestellt, wie sie bei Teenagern üblich sind. Die Jungen fragten mich nach meinen Kameras und ob es stimmte, daß in Israel jeder bewaffnet sei; die Mädchen fragten nach Mischehen und der Bedeutung des Wortes koscher. Schließlich war ich der erste lebendige Jude, den diese Jugendlichen je gesehen hatten.

Einige Wochen später wurde ich erneut eingeladen, diesmal ans Gymnasium. Ich war so begeistert, daß ich eine befreundete Journalistin, Ute Frings, anrief, die für die »Frankfurter Rundschau« schreibt. Zusammen fuhren wir an einem grauen Morgen in Berlin los und wurden von Petra Hacke, der Verantwortlichen für Pressearbeit des Theaters erwartet. Sie begrüßte uns fröhlich, ohne zu ahnen, daß sie den Tag

Am Tag der Namensgebung an der Nelly-Sachs-Schule in Köpenick werden Verse der jüdischen Dichterin verteilt. Dezember 1993.

am Ende verwünschen würde. In der Schule traf ich zunächst ein Klasse Zwölfjähriger. Ich zeigte Dias, erzählte Geschichten, berichtete von jüdischen Sitten und Traditionen. Die Kinder hörten gebannt zu. Und sobald sie konnten, sprangen sie ungeduldig von ihren Stühlen, um die bemerkenswerten Fragen zu stellen, um derentwillen man sich in ihre Unschuld verliebt.

»Ja, ich meine, wie erkenne ich denn einen Juden auf der Straße?« fragte ein blondes Mädchen.

»Und Juden glauben nicht an Jesus – überhaupt nicht?« fragte ein Junge. Er war aufgestanden. Als ich sagte, für die Juden sei er ein großer Lehrer, aber nicht der Erlöser, setzte er sich mit einem Plumps wieder hin.

»Warum haben die meisten Juden in Anatevka Bärte?«

»Haben *Sie* deshalb einen Bart?«

»Müssen Sie einen haben?«

»Was passiert, wenn Sie nicht koscher essen?« fragte einer, nachdem ich die Bedeutung erklärt hatte. »Kriegen Sie dann echte Schwierigkeiten?«

Ich hätte mit ihnen gern den ganzen Tag verbracht, aber viel zu bald klingelte die Schulglocke. Ein Junge, der mit großer Ernsthaftigkeit zugehört und sich Notizen gemacht hatte, stellte die letzte Frage. »Gut, ich habe jetzt alles gehört. Jetzt sagen Sie mir, wie werde ich Jude?«

Nach dem Mittagessen betraten Ute und ich eine Klasse von Siebzehnjährigen. Ich begann mit der gleichen Frage, die ich auch in Schulen in Westdeutschland gestellt hatte. Und sie hatte sich immer als geeigneter Einstieg erwiesen. Bis heute.

»Sprechen wir zunächst über einen grundlegenden Unterschied, wie Juden und Deutsche das gleiche Thema betrachten. Wir schreiben das Jahr 1940, und meine Frage an Euch lautet, was würdet Ihr tun – würdet Ihr zum Beispiel einen Juden verstecken oder anzeigen?«

Schweigen. Aber es war kein gewöhnliches Schweigen. Dies war das mürrische, wütende Teenagerschweigen. Ich zeigte auf einen der Jugendlichen.

»Weiß nicht«, murmelte er und starrte verstockt zu Boden. Ein junges Mädchen kämmte sich das Haar; ich fragte sie. »Nein, ich glaube nicht«, sagte sie mit feindseliger Stimme, ohne eine klare Antwort zu geben.

»Würdet Ihr sagen, daß ich euch eine ethische Frage stelle? Eine Frage über Moral?«

Ich sah einen nicken.

»Dann fragt doch bitte jetzt mich: Was würden Sie im Krieg tun?«

Schweigen.

Ich seufzte. »Das ist leicht zu beantworten – ich wäre tot. Oder auf der Flucht vor euch. Seht ihr, das ist der Hauptunterschied – ihr als Deutsche könnt die Zeit des Holocaust als schreckliches Verbrechen betrachten und euch über Ethik und Moral Gedanken machen, und was euch das heute angeht. Aber für Juden ist der Holocaust keine ethische Frage, sondern eine Frage des Überlebens, der schlimmste Alptraum.«

Keinerlei Anzeichen intelligenten Lebens. Ich machte weiter.

Während ich sprach und Dias zeigte, kämmten die Mädchen sich, Jungen schliefen, andere erledigten ihre Hausarbeiten oder steckten sich Zettelchen zu. Ute machte ständig Notizen. Wenn ich Fragen stellte, bekam ich gemurmelte, unverständliche Antworten. Seid ihr schon mal einem Juden begegnet? Schweigen. Einen Juden gesehen? Schweigen. Im Fernsehen? Schweigen. Ich bin also euer erstes Opfer? Verständnislose Blicke.

Weiß jemand, was eine Synagoge ist? Schweigen. Ein Rabbiner? Schweigen. Ein Dia ließ ich etwas länger stehen: »Hier ist ein Bild: Dresdener Synagoge mit Trabant.« Kein Lächeln, kein Lachen. Statt dessen wurden Augen verdreht, Köpfe geschüttelt. Endlich klingelte es. Ein Mädchen sagte vernehmlich: »Gott sei Dank«, packte ihre Bücher zusammen und schlurfte mit ihren Freunden aus dem Raum. Erst dann kam ein Schüler zu mir nach vorn und fragte, warum ich glaubte, daß die Deutschen so viele Juden getötet hätten. Wer eine Frage auf diese Art stellt, weiß schon die Antwort. »Warum sagst du es mir nicht?« fragte ich. Und das tat er. »Weil die Juden schlauer waren und bessere Geschäfte machen konnten und die Deutschen das Gefühl hatten, sie müßten sie los werden.«

»Durch Massenmord?«

»Schon«, zuckte er die Achseln. »Ich meine, ich glaube, sie dachten, sie müßten. Oder ... oh, ich weiß nicht.« Dann machte er sich davon.

Die Lehrerin entschuldigte sich. »Es tut mir leid, daß sie nicht aufmerksamer waren.« Ich antwortete, daß ich jedes Jahr vor vielen Gruppen spräche – manche seien interessiert, andere nicht.

Ute und ich fuhren mit der Bahn nach Berlin

zurück; sie schrieb ihren Artikel aus dem ich auch den obigen Dialog entnommen habe. Zwei Tage später, am 21. Januar 1993, schlugen fast eine Viertelmillion Deutsche ihre Zeitung auf und konnten nachlesen, wie frisch und fröhlich die jüngeren Schüler waren und wie die ältere Klasse reagiert hatte.

In Schwerin erhob sich ein Aufschrei. Der Schuldirektor explodierte fast. Er verlangte, Ute Frings solle nach Schwerin zurückkommen, um vor der Klasse und ihrer Lehrerin Rede und Antwort zu stehen. Und wenn sie auch zunächst darüber lachen wollte, war sie doch zu fasziniert, um abzulehnen. Ich fuhr mit.

Zwölfjährige Schüler in Schwerin. Januar 1993.

Wir erhielten einen Platz an einem langen Konferenztisch in einem geschlossenen Raum. Uns gegenüber saßen die Lehrerin, der Schuldirektor und die Schüler. Jeder Schüler hatte eine Photokopie von Utes Artikel mitgebracht, voller Markierungen, roten Unterstreichungen und seitenweisen Notizen und Kommentaren.

Der Schuldirektor sagte uns, er sei tief erschüttert, und der Artikel sei schrecklich und unwahr. Schlimmer noch, sagte er, die Schule würde von nun jeden Kontakt mit Journalisten ablehnen. Ein größerer Fernsehsender habe gebeten, in die Schule kommen zu dürfen, aber die Antwort laute jetzt und von nun an: nein! Er wandte sich ab und rümpfte die Nase. Mit unseresgleichen wollte er nichts mehr zu tun haben.

Dann sprach die Lehrerin. Mit zitternder Stimme sagte sie, sie habe das Gefühl, Ute Frings habe sie verraten. Bis zum Erscheinen jenes Artikels hätte sie daran gedacht, mit den Kindern nach Israel zu reisen, aber jetzt... jetzt, und sie brach in Tränen aus. Die Schüler umringten sie und durchbohrten Ute mit Blicken.

Dann legten sie los. »Warum haben Sie geschrieben, an der Seite der Schule sei Rost?«

»Weil er da ist«, antwortete Ute.

»Und warum haben Sie geschrieben, in der Stadt hätten sie ein Hakenkreuz gesehen?«

»Weil ich es gesehen habe«. Genaugenommen hatte sie geschrieben, daß dort »Graffiti einen Dialog führten, mit Nazis raus! auf der einen Straßenseite und einem Hakenkreuz auf der anderen.«

Dann wandte sich eine Schülerin mir zu und attackierte mich mit verächtlich verzogenen Mundwinkeln: »Nun, Herr Serotta, Ihr Vortrag hat uns total gelangweilt und aus einem sehr guten Grund. Sie sind langweilig, ihr Vortrag war langweilig, und wir in der ehemaligen DDR wissen alles über Juden. Schließlich waren wir in Buchenwald!«

An diesem Punkt hätte ich lachen können und vielleicht auch sollen. Oder ich hätte einfach antworten können, ihre Kenntnisse der Geschichte im allgemeinen und Holocaust im besonderen, seien bestenfalls unzureichend und im schlimmsten Fall gefährlich falsch. Aber ich hielt den Mund.

»Genau«, fiel ein anderer ein, da jetzt jemand den Vorreiter gespielt hatte. »Sie haben uns wirklich gelangweilt. Und wie! Ha!«

Ihr Geschimpfe richtete sich nicht gegen Juden, es war nicht antisemitisch. Die Schüler und Lehrer waren erbittert, weil eine überregionale Zeitung einen Artikel gebracht hatte, in dem sie wie ein Haufen gelangweilter und nicht sehr wißbegieriger Teenager gewirkt hatten. Das ist das eine. Überwältigt von ihrem Minderwertigkeitskomplex und der Wut, die Ostdeutsche den arroganten Westdeutschen gegenüber empfinden, explodierten sie einfach.

Es war häßlich, und es war sinnlos, denn der Schaden war angerichtet. Sie hatten nur einen Gedanken: So sieht uns der Westen. Sie kamen gar nicht auf die Idee, einen Fehler bei sich selbst zu suchen. Ich war langweilig, Ute war bösartig, und wir hatten ihnen übel mitgespielt.

Als wir zwei uns im Zug nach Berlin gegenübersaßen, versuchten wir darüber zu lachen, aber in Wirklichkeit leckten wir unsere Wunden. Ich schwor, ich würde nie, nie wieder in Deutschland vor einer Schulklasse sprechen.

Am nächsten Tag klingelte das Telefon. »Mein Name ist Budemeier, ich rufe von der Waldorfschule in Bremen aus an und möchte mit Herrn Serotta sprechen.« Meine erste Reaktion: den chinesischen Diener spielen und sagen, er kommt erst nächstes Jahr zurück. Aber ich sagte, »am Apparat«. Dieser Herr Budemeier sagte, er habe »mit großem Interesse« die Geschichte von meinem Fiasko in Schwerin gelesen, die Schüler in seiner Schule beschäftigten sich gerade mit jüdischer Geschichte, und sie würden mich gerne zu einem Vortrag einladen. Ich sagte, darüber müsse ich wirklich nachdenken, aber wahrscheinlich würde ich ablehnen.

Er sagte, er hoffe wirklich auf meine Zusage. Sie hätten gern jemanden aus der Bremer Jüdischen Gemeinde eingeladen, aber dort habe kein Interesse bestanden. Sie beschäftigten sich mit den Juden in Osteuropa und ein Diavortrag von mir wäre genau das Richtige.

In der Hoffnung, ihn zu entmutigen, verlangte ich zum allerersten Mal von einer Schule ein Honorar. In Ordnung, sagte er, wenn ich 500 DM haben wolle, würden sie das bezahlen, und meine Reisekosten dazu.

Also gut, sagte ich, ich mache es. Ich verabredete einen Treffpunkt mit diesem Herrn Budemeier auf der Treppe vor der Schule einige Wochen später um elf Uhr vormittags. (Eines war sicher: Der verdammten Ute Frings sagte ich diesmal nicht Bescheid.)

Ich stieg genau zum verabredeten Zeitpunkt vor der Schule aus dem Taxi, aber auf den Stufen standen nur ein paar schlaksige Teenager herum. Der größte und schlaksigste kam zu mir herüber. »Kann ich Ihnen helfen?«

»Nein danke, ich warte auf Herrn Budemeier.«

»Das bin ich.«

Ich stand wie angewurzelt. Bitte nicht, dachte ich.

»Sie? Sie sind Herr Budemeier?«

Er lächelte. »Klar. Sie können mich Philipp nennen.«

Ich kann dich noch was ganz anderes nennen, dachte ich, als er mich in die Schule führte. Mir war jetzt alles klar: Irgendein Junge hatte mich zu einem Vortrag eingeladen, die Lehrer würden von nichts wissen, und ich werde entweder ausgelacht oder rausgeworfen, und wahrscheinlich beides.

»Geben Sie mir Ihre Dias«, sagte er und gab sie weiter an einen Jungen mit Pferdeschwanz und Ohrring, der vor uns hertrottete. Scharen von Jugendlichen strebten zur Aula. Drinnen stockte ich. Vor mir standen zweihundertfünfzig bis dreihundert Stühle – alle besetzt, dazu ein Diaprojektor und eine Leinwand; alles war bereit. Die Lehrer standen an der hinteren Wand.

Ein Lehrer erklärte mir alles. Es handelte sich um eine Waldorfschule, und hier planen und realisieren die Schüler ihre eigenen Programme. Die ganze

Schülerinnen der Nelly-Sachs-Schule bei der Feier der Namensgebung. Dezember 1993.

Sache war Philipps Idee. Der kam nun wieder und erklärte, es gäbe zuerst einen kurzen Vortrag über Juden in Osteuropa und den Holocaust. Dann würde eine Gruppe der ältesten Jungen eine Chorlesung halten. Dann wäre ich dran. Er verschwand wieder.

Ein Mädchen trug einen vorbereiteten Vortrag vor. Sie sprach etwa zehn Minuten, behandelte die meisten der historischen Grundlagen und endete mit dem Satz, das jüdische Leben, das es in Osteuropa vor dem Krieg gegeben habe, existiere nicht mehr. Durch die Schuld Deutschlands, wie sie sagte. Dann traten die Jungen vor. Einer stand vor der Gruppe, und auf sein Zeichen begannen sie. Fast rufend, aber in perfektem Gleichklang rezitierten sie Paul Celans Todesfuge – vier Jahre, nachdem ich sie in dem deutschen Pressebus in Polen gehört hatte.

Darauf war ich nicht vorbereitet; noch nie hatte ich diese starken Worte so gehört. Die lauten, klaren, artikulierten Stimmen der Jungen – fast schreiend – waren erschütternd wirksam. Ich wußte in diesem

Augenblick, selbst wenn ich sehr, sehr alt würde, diesen Moment würde ich nie vergessen.

Als ich vor den Schülern stand, brauchte ich eine halbe Minute, um mich zu sammeln. Ich holte tief Atem und begann. »Okay, wir sind im Jahre 1940, und ...«

Als ich mit den Dias begann, rief jemand, »Sprechen sie Englisch. Das können wir hier alle!« Glücklich kam ich der Aufforderung nach und sprach in meinem Vortrag über Rumänien, Bulgarien und andere Länder, über Juden, Nazismus und Kommunismus. Ich konnte fühlen, daß das Interesse dieses Mal echt war, und als ich fortfuhr, versuchte ich gelegentlich einen Witz. Und Wunder aller Wunder, sie bekamen es mit. Sie lachten. *In Deutschland*! Ich machte weiter, scherzte ein bißchen häufiger an den geeigneten Stellen, und kam fast eine Stunde später zum Schluß. Als das Licht anging und die Flut der Fragen einsetzte, bemerkte ich, daß die Schüler mein Vortragshonorar *im Publikum* einsammelten. So endete ich mit den Worten, dies sei der fesselndste Morgen gewesen, den ich in Deutschland erlebt hätte, und deshalb würde ich mein Honorar zwar annehmen, es aber direkt an die jüdische Gemeinde von Sarajevo weiterleiten, die ihren christlichen und moslemischen Nachbarn während des Krieges half. Der Applaus war laut und lang, und ich glaube, wenn sie mir eine Stelle als Lehrer angeboten hätten, wäre ich geblieben.

Als ich an diesem Nachmittag im warmen Speisewagen des Zugs nach Berlin saß und mit meinem Löffel in der Suppe rührte, dachte ich: Deutsche Schulen in der Gegenüberstellung. Die eine im Osten, die andere im Westen. Die eine war ein ganz normales Gymnasium, mit Schülern, die unter der Arbeitslosigkeit ihrer Eltern litten, unter einer radikalen Änderung ihres Lehrplans; die andere Schule dagegen war reich und die Schüler aus der Oberschicht. Natürlich konnte man sie nicht vergleichen, und das sollte man auch nicht. Und wenn ich eines erfahren hatte über die Art wie Deutsche aus ihrer Vergangenheit lernen, dann würde ich jetzt aufhören, sie alle in einen Topf zu werfen. Und im Falle der ostdeutschen Schüler erwiesen sich auch nicht alle so feindlich wie die in Schwerin.

Köpenick ist ein freundlicher, ziegelroter Industriebezirk zwischen der Dahme und dem Müggelsee im Süden Ostberlins. Während der kommunistischen Jahrzehnte war Köpenick hinter der Mauer untergetaucht und begann sich nach 1989 sauber zu schrubben. Im Gefolge der Wende wurde aus einer der polytechnischen Oberschulen ein Gymnasium. Sechshundert Schüler gingen dort zur Schule, und eines ihrer ersten Projekte zur Einübung ihrer neu erworbenen Demokratie galt dem neuen Namen für die Schule. Man sagte den Schülern, sie sollten entscheiden, und sie wurden ermahnt, den Namen sorgfältig auszuwählen, weil er von Dauer sein werde. Einige sagten, bei den vielen Gymnasien Berlins seien alle guten Namen längst vergeben. Und noch eine Goethe-, Schiller- oder Lessing-Schule wäre überflüssig.

Bei einem Treffen mehrerer Klassen benannte ein Schüler Gustav Hertz, einen Physiker und Nobelpreisträger. Einige nickten zustimmend. Es gab weitere Vorschläge, die zustimmend aufgenommen wurden. Was ist mit John Lennon, wollte dann jemand wissen. Das gab Gekicher, aber warum eigentlich nicht? Friederike Jennrich, vierzehn Jahre alt, hob die Hand. Sie hatte einen Vorschlag – Nelly Sachs. Wer? fragte jemand. Nelly Sachs, wiederholte Friederike.

»Ich habe es nachgeschlagen. Sie war Jüdin, sie war Deutsche, sie wurde hier in Berlin geboren, und sie hat 1966 den Nobelpreis für Literatur gewonnen. Und keine einzige Schule trägt ihren Namen.«

»Sie müssen verstehen«, sagte mir der muntere Teenager später über ihrem Schulheft mit dem Snoopy-Aufkleber, »das war 1992 und 1993. Das waren die schlimmsten Zeiten der Neonazi-Gewalt. Und eine Menge passierte genau hier in der ehemaligen DDR – Rostock, Hoyerswerda, der Mord an einem Schwarzen in der S-Bahn. Ich hatte einfach das Gefühl, es wäre richtig, die Schule nach Nelly Sachs zu benennen. Besonders damals.« Als Friederike an jenem Tage Nelly Sachs vorschlug, antworteten einige Schüler mit »Genau!«

Die Namen wurden formell eingereicht; mit einer Abstimmung wurde das Feld eingegrenzt. Sowohl Sachs als auch Hertz kamen in die nähere Auswahl. Für jeden Namen wurden Beschreibungen gebraucht, und Friederike erbot sich, den Aufsatz über Nelly Sachs zu schreiben. Sie las die Biographie von Gabriele Fritsch Vivie und schrieb der Autorin einen Brief, in dem sie um weitere Informationen bat. Sie bekam heraus, daß Nelly Sachs mit Hans Magnus Enzensberger befreundet gewesen war, also schrieb sie auch an Deutschlands bekanntesten Lyriker. Vivie und Enzensberger antworteten sofort, und einige Wochen später stand Friederike vor der Schulversammlung.

»Ich möchte euch alles über Nelly Sachs erzählen«, sagte sie ihren 600 Mitschülern. »Und ich möchte euch dieses Gedicht vorlesen.

Schmetterling
Gesegnete Nacht aller Wesen!
Die Gewichte von Leben und Tod
sinken herab auf deinen Flügeln
auf die Rose
die in dem heimreifenden Licht verwelkt.

In der folgenden Abstimmung beschlossen die Schüler mit Zweidrittelmehrheit, ihre Schule solle nach der Berliner Jüdin Nelly Sachs benannt werden. Das war eine Botschaft an die Neonazis. Den neuen Namen wollten sie mit einem besonderen Festtag zu Ehren von Nelly Sachs feiern. Er sollte am 13. Dezember 1993 stattfinden.

Zur Vorbereitung informierten sich die Schüler über den Holocaust und die Geschichte der Juden. Sie luden Berliner Juden, die diese Zeit erlebt hatten, zu Gesprächen ein, und alle Einladungen wurden angenommen. Sie studierten die Werke von Nelly Sachs, und als Friederike bei Enzensberger anfragte, ob er nach Köpenick kommen könne, um über Lyrik und Nelly Sachs zu sprechen, sagte er zu.

Dann kam der Tag der Namensgebung. Norma Drimmer, eine lebhafte Mutter dreier Kinder und Angehörige des Vorstands der Berliner Jüdischen Gemeinde, holte mich früh ab, und wir fuhren nach Osten, vorbei an der Stelle, wo früher die Mauer stand, vorbei am Sowjetischen Ehrenmal in Treptow nach Köpenick. Norma, die Schuldezernentin der Gemeinde, war von der Schule eingeladen worden und hatte darauf bestanden, daß ich mitkommen sollte. »Ich glaube, das könnte Dich interessieren«, hatte sie zu mir gesagt. »Soweit ich das mitgekriegt habe handelt es sich nicht um eines dieser internationalen Gymnasien, keine Schule, wohin Berühmtheiten ihre Kinder schicken. Dies ist...«, und sie suchte nach dem passenden Wort, »... eben Köpenick!«

An jenem Tag erhielt Berlin seine erste Nelly-Sachs-Oberschule, und Schüler spielten ein Mendelssohn-Streichquartett vor dichtgedrängtem Publikum in der Turnhalle. Mehrere Jugendliche standen auf und rezitierten die tief empfundenen, dunkel transparenten Verse der jüdischen Frau, die ihrem Schicksal entgangen war und deshalb Zeit ihres Lebens von Schuldgefühlen gequält wurde.

Schüler in schwarzen Hemden und hohen Stiefeln marschierten auf die Bühne, packten andere Schüler; sie warfen sie zu Boden und bedeckten sie mit einem großen flatternden Plastiktuch – Gas.

Norma und ich schauten einander an. Am Ende flüsterte sie: »Ich habe schon viele solche Veranstaltungen erlebt, und darunter waren ein paar wichtig und auch eindrucksvoll, aber diese hat mich da gepackt, wo es weh tut: im Herzen!«

Zwei Jahre danach saß ich mit Friederike im Büro der Schuldirektorin. Friederike war inzwischen sechzehn Jahre alt, hatte hochstehendes, rötliches Haar. Als ich sie fragte, was der Name Nelly Sachs bewirkt hätte, antwortete sie: »Weil wir unsere Schule nach Nelly Sachs benannt haben, werden ihre Gedichte und die Geschichte, die darin erzählt wird, immer Bestandteil unseres Lernens hier sein. Wenn meine Freunde und ich nicht mehr da sind, werden neue Kinder kommen, und sie werden von Nelly Sachs und dem Holocaust erfahren.«

»Aber was werden sie lernen?« fragte ich.

Sie lächelte. »Lernen – das ist doch relativ. Das bedeutet für verschiedene Leute Verschiedenes – was lernen? Ich hoffe jedenfalls, daß sie etwas über die Vergangenheit lernen, über den Holocaust, und daß sie ein Gespür dafür bekommen. Aber nicht nur das. Hier in Ostdeutschland haben wir nicht so viel Erfahrung mit Demokratie und nicht soviel Praxis. Es ist also ein guter Ort, um zu lernen, wie ein Verbrechen wie der Holocaust zustandekommt, und wie diese Art Verbrechen verhindert werden kann: indem man Demokratie übt und sich um sie kümmert. Das«, sagte sie und holte tief Luft, »hoffe ich, werden die Schüler lernen.«

»Ach ja, und noch eins. Unsere Klasse ist zum fünfzigsten Jahrestag der alliierten Invasion in die Normandie gefahren. Einigen der Schüler war das völlig egal, und ich fühlte mich hilflos, weil sie sich für die Lehren dieses Ortes, dieses Kriegs nicht interessierten. Aber ich weiß, weil ich es gesehen habe – man kann über einen Friedhof gehen, wie das einige in der Normandie taten. Aber über die Gedichte von Nelly Sachs geht man nicht so einfach hinweg.«

Juden in Deutschland heute

Suche nach Identität

Lange bevor es ein Land namens Deutschland gab, schrieben und dachten die Juden in Prag, Wien, Czernowitz, Berlin, Triest, Zürich, Danzig und Frankfurt auf Deutsch und definierten sich über diese Sprache. Nicht sie bewegten sich, sondern die Grenzen Europas. Die deutschen Staaten vereinigten sich 1871 unter preußischer Vorherrschaft; siebenundvierzig Jahre später brach Österreich zusammen, und an seine Stelle trat ein Flickenteppich aus Nachfolgestaaten. Als 1945 die Karte Mitteleuropas neu gezeichnet wurde, waren nur noch wenige Juden am Leben. Geblieben waren die Gedanken, die sie hinterlassen hatten.

In dem halben Jahrhundert vor ihrer Vernichtung vollbrachten die deutschsprachigen Juden Leistungen, denen wir immer noch voller Respekt gegenüberstehen. Sigmund Freud leistete Pionierarbeit bei der Erforschung der Träume und des Unbewußten. Einer seiner Patienten war Gustav Mahler, der Angst in Symphonien verwandelte. Franz Kafkas angstbeherrschte Romane nahmen die Alpträume Europas vorweg. Und Albert Einstein schrieb die moderne Wissenschaft um. 1933 waren dreizehn der dreiunddreißig deutschen Nobelpreisträger jüdischer (oder halbjüdischer) Herkunft.

In den Jahren vor und unmittelbar nach dem Ersten Weltkrieg, im Spätsommer der deutschen Kultur, wie H. I. Bach diese Zeit nannte, befand sich auch das deutsche Judentum in voller Blüte und brachte eine Synthese des modernen Judaismus hervor. Leidenschaftliche Zionisten diskutierten und argumentierten mit den großen jüdischen Philosophen ihrer Zeit. Es erschienen neue Übersetzungen der Bibel und des Talmud. Die Vorlesungssäle füllten sich für Philosophen wie Franz Rosenzweig, Hermann Cohen oder Martin Buber, deren Bücher in Dutzenden von Auflagen erschienen. Der Berliner Oberrabbiner Leo Baeck inspirierte viele seiner Glaubensbrüder im ganzen Land durch sein Beispiel – ein integrierter Bürger, der zugleich ein leidenschaftlicher und gläubiger Jude war. »Über unser Judentum, nicht aus ihm heraus führt der Weg zu unserer Menschlichkeit«, schrieb er. Aber als 1933 die Nazis an die Macht kamen, schrieb Leo Baeck auch, die tausendjährige Geschichte der deutschen Juden sei an ihr Ende gekommen.

Das deutsche Judentum, so wie es damals bestand, gibt es heute nicht mehr. Leo Baeck wurde 1943 aus Berlin nach Theresienstadt deportiert. Er überlebte nur, weil es im Lager zufällig einen anderen Leo Baeck gab, der nach Auschwitz in den Tod geschickt wurde. Baeck ließ sich später in London nieder, wo er bis zu seinem Tod im Jahre 1956 blieb. Und wie Baeck kehrte kaum einer der überlebenden Juden in ihre Heimat zurück.

Zwischen 1945 und 1948 kam etwa eine Viertelmillion Juden auf ihrem Weg in andere Länder durch Deutschland. Sie lebten in Lagern für Displaced Persons; darunter waren zehntausende polnischer Juden, die vor einem mörderischen Antisemitismus flohen, und tschechische und ungarische Juden, die die Konzentrationslager überlebt hatten. Ihre Familien waren ausgelöscht; sie hatten keinen Ort, an den sie hätten gehen können. Es überrascht nicht, daß die Leitungen der DP-Lager alle Überlebenden aus Europa herausbringen wollten. Der Zionismus war die einzige Antwort, die sie sich vorstellen konnten. Sie nannten sich *She' erit ha Peletah* (der überlebende Rest) und kämpften um die Einreise nach Palästina, das unter briti-

Liams erste Bar-Mizwa-Stunde mit Rabbiner Goldberger. Mai 1996.

scher Besatzung stand. 1948, als Israel zum Staat geworden war, hatten sich zwei Drittel auf die Reise gemacht, um den Zionismus Wirklichkeit werden zu lassen; der Rest emigrierte nach Kanada, in die USA und andere Länder. Einige, sehr wenige blieben. Nachdem sie die Lager verlassen hatten, verschlug es sie in die trümmerübersäten Städte, wo sie sich der winzigen Zahl deutscher Juden anschlossen, die im Versteck überlebt hatten oder zurückgekehrt waren, weil sie sich zu alt fühlten, um anderswohin zu gehen.

Die meisten Juden redeten sich ein, sie würden nur vorübergehend in Deutschland bleiben, nicht auf Dauer. Sobald sich die Lage in Israel gebessert hat, sagten sie. Sobald ich sicher bin, daß meine Schwester in Polen wirklich tot ist. Sobald ich mein Geld von der deutschen Regierung bekommen habe. Sobald mein Eigentum verkauft ist. Sobald meine kranke Mutter gestorben ist. Sobald ich die Einladung von meinem Bruder in Seattle bekommen habe. Sobald, sobald... Aber einige blieben. 1950 waren in Deutschland etwa 20000 Juden registriert. 1933 waren es über eine halbe Million gewesen.

Vor dem Zweiten Weltkrieg hatte der Viehhändler Hugo Spiegel in Warendorf gelebt, einer kleinen Stadt in Westfalen. Die Familie Spiegel war seit Jahrhunderten in Deutschland ansässig, und Hugo hatte zu seiner Frau Ruth gesagt, es gäbe überhaupt keinen Grund, sich über die Nazis Sorgen zu machen. All ihr Gekeife und ihr Antisemitismus richtete sich gegen die polnischen Juden und religiösen Eiferer, die sich in den Großstädten wie Berlin sammelten. Der Gedanke Deutschland zu verlassen, erschien ihm lächerlich. Er änderte seine Meinung im Krankenhaus, nachdem er während der »Kristallnacht« 1938 bewußtlos geschlagen worden war. Sobald er sich erholt hatte, fuhr Hugo Spiegel nach Belgien und fand eine katholische Familie in Brüssel, die Bloomes, die ihm anbot, seine Familie aufzunehmen. Er besorgte falsche Papiere für Ruth, die neunjährige Tochter Rosa und den kleinen Sohn Paul. Dann kehrte er nach Hause zurück, kümmerte sich um ihre Abreise und wollte bald folgen. Zu spät. 1940, während des deutschen Einmarschs in Belgien, versuchte Hugo Spiegel verzweifelt nach Brüssel zu gelangen, wurde aber von der SS aufgegriffen und nach Gurs und später in die Lager im Osten deportiert. In ihrer Verzweiflung über den Verlust ihres Mannes sagte Ruth Spiegel ihrer Tochter, sie solle im besetzten Brüssel nie wieder deutsch sprechen, besonders nicht mit Menschen in Uniform. Aber eines Tages sprach ein freundlicher Mann in einem Anzug Rosa auf dem Spielplatz der Schule an – auf deutsch. Als sie antwortete, schleppte er das schreiende Kind in sein Auto.

Ruth Spiegel nahm ihren Sohn und fuhr mit dem erstbesten Zug aufs Land. In dem Bauerndorf Chapelle la Heliemont versuchte sie ihre blinde Panik zu überwinden und sprach eine katholische Familie an, ob sie ihren damals kaum dreijährigen Sohn aufnehmen könnte. Sie sagten ja. Ruth vertraute ihnen. Sie kehrte nach Brüssel zurück und betete, daß wenigstens ihr Sohn überleben sollte. Sie hielt aus. Wochen wurden zu Monaten, Monate zu Jahren. Sie arbeitete als Putzfrau und überlebte unentdeckt den Krieg, immer bei den Bloomes. Paul wurde als »Vetter aus Deutschland« aufgezogen und sprach nun französisch.

Seine Mutter wagte ihn nur einmal im Jahr zu besuchen. Sein Französisch war perfekt. Er trug einen Rosenkranz. Aber die Familie und der Dorfpriester dachten niemals daran, das Kind taufen zu lassen. Der Rosenkranz sei sein Schutz, sagten sie ihr. Im Herbst 1944, als bereits ein großer Teil des Landes durch Briten und Amerikaner befreit war, kehrte Ruth Spiegel nach Chapelle la Herliemont zurück, dankte der Familie, die unter Einsatz des Lebens ihren Sohn aufgenommen hatte, und holte ihn heim nach Brüssel. Während die Alliierten vorrückten, wartete und hoffte sie auf Nachrichten von ihrer Tochter und ihrem Mann. Im Mai 1945 schmiedete sie schließlich Pläne, nach Amerika abzureisen, wo sowohl sie als auch Hugo Spiegel Verwandte hatten. Wenige Tage vor der Abfahrt erhielt sie die Nachricht, ein Mann, der kaum 75 Pfund wog, sei in Warendorf umhergewankt und habe gefragt, ob jemand seine Frau Ruth Spiegel gesehen habe. Sie zerriß ihre amerikanischen Visa und kehrte heim. Über Rosas Schicksal erfuhr sie niemals Genaueres – nur unbestätigte Gerüchte, man habe sie ausgehungert und allein in Bergen-Belsen sterben sehen.

»Mein Vater verlor keinen Gedanken darüber, wohin er nach der Befreiung gehen würde«, sagte der elegant gekleidete Paul Spiegel an einem Maimorgen 1996. Wir unterhielten uns in seinem Büro in Düsseldorf, wo er als Theater- und Musicalagent arbeitet ist. »Er sagte, er habe sich nach Warendorf mitnehmen lassen; als er ankam, zeigte ihm ein alter Freund in seinem Keller alle hebräischen Bücher aus der Synagoge, die nicht in der »Kristallnacht« verbrannt waren; dort hatte er sie während des Krieges sicher verwahrt. Anscheinend bedeutete ihm das etwas, und er war entschlossen, sein Leben genau hier in Warendorf wieder aufzunehmen. Er sagte, er sei zu alt, um in einem anderen Land von vorn anzufangen. Soweit ich weiß, dachte er niemals ernsthaft über seine Ausreise nach.

Ich selbst war sehr jung, als wir nach Hause kamen – acht Jahre alt. Und ich war voller Panik, weil ich in Deutschland war. Schließlich hatte ich immer nur gehört, es sei das Land der Mörder und schrecklichen Leute. Als ich mit meiner Mutter ankam, weigerte ich mich, zur Schule zu gehen und blieb einfach in meinem Zimmer. Mein Vater ließ einen Polizisten ins Haus kommen, und der sagte zu mir: ›Du bist also der Spiegel-Junge, der nicht in die Schule gehen will? Aber du mußt gehen.‹ Ich hatte solche Angst, daß ich hinging, und gleich an meinem ersten Tag nannte mich ein Junge aus der Klasse einen dreckigen Juden. Es gab eine gewaltige Keilerei, ziemlich blutig. Aber ich konnte mich behaupten, und danach hat mir niemand mehr etwas nachgerufen.

Kurz darauf stand mein Vater auf dem Bahnhof und verlud Vieh, und irgend jemand probierte das auch bei ihm – eine antisemitische Bemerkung. Da hatte er sich verrechnet. Mein Vater nahm seinen großen Gehstock und schlug ihn blutig, bis die Leute sie auseinanderzerrten und beide zum britischen Garnisonskommandeur brachten. Der Offizier hinter dem Schreibtisch hörte sich die Geschichte an und dann schüttelte er den Kopf. Er schaute beide an und sagte: ›Eine Frage, Herr Spiegel: Warum zum Teufel haben Sie die Sache nicht zu Ende geführt?‹ Und von diesem Augenblick an war Freddie Berger einer der besten Freunde unserer Familie. Wie sich herausstellte, war er Jude, und in unserem Haus trafen sich an den Feiertagen alle jüdischen Soldaten der Stadt. Und für mich war er seitdem Onkel Freddie.«

Da in Warendorf selbst keine anderen Juden lebten, schloß sich Hugo Spiegel der jüdischen Gemeinde von Münster an, deren zweiter Vorsitzender er wurde. Zunächst lebten hier nur etwa dreißig Juden, aber bis Anfang der fünfziger Jahre hatten sich fast einhundertfünfzig in der Gegend niedergelassen. 1951 feierte Paul die erste Bar Mizwa in Nordrhein-Westfalen seit dem Krieg.

Hugo Spiegel war in Warendorf zwar bekannt und geachtet, aber er und seine Frau machten sich häufig Sorgen um Paul. Eine Bar Mizwa war das eine, aber es gab fast keine Juden, die er treffen konnte. 1955 schlug Hugo vor, Paul solle am Sommerlager der ZWST teilnehmen (der Zentralwohlfahrtsstelle der Juden in Deutschland).

»Ich wollte da nicht hin. Ich war versteinert. ›Alle werden unheimlich religiös sein‹, sagte ich zu meinem Vater. ›Jeder wird alles darüber wissen, was es bedeutet, Jude zu sein, und ich weiß gar nichts, überhaupt nichts.‹ Das muß ihn sehr verletzt haben.« Letzten Endes gab Paul nach und fuhr mit dem Zug nach Frankfurt. Zwei Wochen später kam Paul Spiegel völlig verändert nach Warendorf zurück. »Das war ein Schock! Ich war zehn Tage mit genau so Leuten wie mir zusammengewesen, und ich meine wirklich, genau so wie ich. Wir hatten alle die selben Geschichten, die selben Identitätsprobleme, die gleichen Fragen, die gleichen Ängste tief in uns. Plötzlich, einfach so, war nichts mehr tief drin verborgen. Ich war ein Jude, und ich empfand es auch so.«

Und genau so plötzlich konnte Paul Spiegel es nicht mehr in Warendorf aushalten. Während er ungeduldig das Gymnasium zu Ende brachte, organisierte er einen jüdischen Jugendclub im nahegelegenen Münster. Aber sobald er konnte, packte er seine Sachen und zog nach Düsseldorf. Dort arbeitete er für eine jüdische Zeitung, und dort lernte er Giselle Spatz kennen. Die beiden schmiedeten Heiratspläne.

Ein paar Wochen vor der Heirat packte Paul Spiegel einen kleinen Koffer, warf ihn in seinen winzigen Fiat 500 und tuckerte allein in Richtung Westen. Er überquerte die belgische Grenze und ging zu der Wohnung der Bloomes in Brüssel. Er lud das alte Ehepaar persönlich zu seiner Hochzeit ein. Dann bat er sie um Hilfe bei der Suche nach der Familie, die sein Leben gerettet hatte. Die Bloomes sahen ihre Papiere durch und gaben Paul ein zerfleddertes Photo, auf dem er mit der Familie zu sehen war; auf der Landkarte zeigten sie ihm, wo sie gelebt hatten. Er machte sich auf den Weg nach Chapelle la Herliemont, aber niemand in der kleinen Bauerngemeinde hatte je von der Familie gehört. Verwirrt dachte er, sie hätten vielleicht irgendwo außerhalb gewohnt, er fuhr in benachbarte Dörfer und klopfte an Türen, ging in Postämter, aber es war überall dasselbe. Niemand konnte oder wollte ihm etwas sagen.

»Wissen Sie, was mich als einziges an diese Familie erinnert?« fragte er. Er rollte ein Hosenbein hoch und zeigte mir eine kleine Narbe am Knie. »Ich weiß noch, wie sie mich eines Tages an die Tür holten und sagten, ›Schau Paul, deine Mama ist da‹, und ich sah sie und rannte über den Hof oder die Straße, ich weiß es nicht mehr genau. Aber als ich zu ihr rannte, fiel ich hin und schlug mir das Knie auf. Seitdem habe ich diese Narbe.« Er rollte sein Hosenbein wieder herunter. »Meine Frau sagt manchmal, ich solle es noch einmal versuchen, ich solle wieder hinfahren, aber ich kann nicht. Schon vor dreißig Jahren hat es weh getan, daß ich sie nicht fand. Diesmal wäre es noch schlimmer. Man kann einen Traum nicht besuchen. Ich habe es versucht, und es ging nicht.«

Nach seiner Hochzeit, bei der die alten Bloomes sich lächelnd die Tränen aus dem Gesicht wischten, nach seinen Flitterwochen in London, wo Onkel Freddie die Braut mit Geschichten vom kleinen Paul, dem Maskottchen der britischen Garnison, traktierte, ging Paul Spiegel zurück nach Düsseldorf. Inzwischen hat er zwei Töchter. Eine lebt in Israel, die andere in Frankfurt.

Im Lauf der Jahre engagierte er sich immer stärker in der Düsseldorfer Jüdischen Gemeinde und in nationalen jüdischen Institutionen; er wurde Präsident der ZWST. Anfang der sechziger Jahre arbeitete er mit der nächsten Generation Jugendlicher im Düsseldorfer Jüdischen Gemeindezentrum. Einer dieser Jugendlichen war Moishe Waks.

Waks kam – ebenso wie viele andere Juden, die sich nach dem Kriege in Deutschland niederließen – nicht aus einer deutsch-jüdischen Familie wie die Spiegels, sondern war osteuropäischer Herkunft. Sein Vater Aron war in Lodz geboren und verbrachte die Kriegsjahre auf der Flucht in der Sowjetunion, ebenso wie seine Mutter Leah. 1945 begegneten sich die beiden in Polen und versuchten, zusammen nach Frankreich zu kommen, aber ohne gültige Papiere wurden sie an der Grenze abgewiesen und gelangten schließlich in ein DP-Lager in Kassel. Aron begann für die Amerikaner zu arbeiten, sparte sein Geld und kaufte Möbel und die gesamte Ausstattung für ein Haus. Sie schickten alles nach Israel und wollten bald folgen. Unterwegs wurde alles gestohlen. Niedergeschlagen

Margot Rösler mit ihrer Enkeltochter auf dem Jüdischen Friedhof Berlin-Weißensee. Die Familie Rösler emigrierte in den dreißiger Jahren nach Chile und reist gelegentlich nach Deutschland, um die Gräber der Verwandten zu besuchen. Mai 1995.

VATER UND GROSSVATER
MARKUS RÖSLER

beschlossen sie zu warten. Sie zogen mit ihren Söhnen Ruven, 1947 geboren, und Moishe, der fünf Jahre später kam, nach Düsseldorf und eröffneten ein kleines Textilgeschäft.

»Zuhause sprachen wir jiddisch, ließen unser koscheres Essen aus Frankfurt kommen und feierten jeden Freitag den Sabbat gemeinsam in der *Schul*«, sagte Moishe Waks, ein kräftiger, fröhlicher Mann mit einem dichten Schnurrbart. Er lebt inzwischen in Berlin und arbeitet als Makler, und eines Abends im Januar 1996 unterhielten wir uns in seinem Büro. Moishe Waks erzählte, während seiner Kindheit in Düsseldorf seien er und etwa dreißig weitere Kinder dreimal die Woche nach der Schule in das Jüdische Gemeindezentrum gegangen. Ein Lehrer kam aus Essen, um ihnen Hebräisch beizubringen, und wenn er nicht kam, lernten sie die Bedeutung der jüdischen Festtage kennen und übten die Theaterszenen, die sie ihren Eltern vorführen wollten. Moishes Kontakte zu anderen jüdischen Kindern vertieften sich in den Sommerlagern der ZWST.

Im Gespräch mit Moishe Waks wurde klar, daß seine Kindheit so »normal« wirkte wie jede jüdische Kindheit während des Baby-Booms überall auf der Welt – auch wenn er sie im Nachkriegsdeutschland verbrachte, als in Düsseldorf kaum fünfzehnhundert Juden lebten und die niedergebrannte Synagoge noch immer in Schutt und Asche lag. »Ich hatte einfach nie Probleme mit meiner jüdischen Identiät«, sagte er achselzuckend. »Das fing wohl schon mit meinem Namen an. Die anderen Kinder fragten oft, was das für ein Name sei, und ich sagte es ihnen. So hatte ich immer jüdische und nicht-jüdische Freunde.

Nun lernt man natürlich sehr früh im Leben, daß man als Jude in Deutschland anders lebt. Wenn mein Vater zum Beispiel wütend wurde, einen Strafzettel bekam oder so etwas, dann explodierte er und schimpfte auf die Nazis, und die verblüfften Polizisten machten immer einen Rückzieher. Aber eines Tages, als mein Vater einen jungen Mann als Nazi beschimpfte, war der so fassungslos, daß er einfach wegging. Zwei Tage später klingelte es an der Tür, und da stand er vor unserem Haus. Mein Vater konnte es nicht glauben. ›Was wollen Sie?‹ bellte er. Und dieser Mann sagte: ›Hören Sie, Herr Waks, Sie haben einen falschen Eindruck von mir und meiner Arbeit, und ich bin hergekommen, um das mit Ihnen zu klären.‹ Mein Vater konnte es einfach nicht glauben. Er wurde verlegen und gab zu, daß er nur aus Taktik so gehandelt habe und es gar nicht so gemeint gewesen sei. Und dann lud er diesen jungen Polizisten plötzlich in unsere Wohnung ein. Meine Mutter brachte Kaffee, alle redeten, und das war der Anfang einer sehr seltsamen Freundschaft – Aron Waks und Leon, der Polizist. Leon besuchte ihn häufig, sie unterhielten sich über Sport, und er brachte immer seinen großen deutschen Schäferhund mit, so daß ich mit ihm spielen konnte.« Moishe Waks lächelte. »Wie man so sagt – versteh' das einer.«

Aber in allen meinen Gesprächen mit Juden, die nach dem Krieg geboren waren, erfuhr ich, daß sie an irgendeinem Punkt, meistens im Alter von etwa sechzehn Jahren erkannten, daß das Leben in Deutschland nicht nur einfach *anders ist*. Auch Moishe Waks war da keine Ausnahme. »Wenn andere jüdische Kinder aus Belgien, Holland oder den USA fragten, ›Warum seid ihr in Deutschland?‹, wurde ich defensiv und gab eine zionistische Standardantwort. Die Diaspora ist überall gleich, sagte ich dann, was wollt Ihr also von mir? Das sagte ich, aber im Herzen wußte ich, daß es ein Riesenproblem war, als Jude in Deutschland zu leben.«

Jüdische Jugendliche erlitten einen gewaltigen Schock, wenn sie verstanden, daß in ihrem Lande, in ihren Städten – vielleicht sogar genau in den Häusern, in den sie heute lebten – Männer im Alter ihrer Väter und Großväter Juden zusammengetrieben und massakriert hatten, daß Frauen im Alter ihrer Mütter und Großmütter zugesehen hatten, wie jüdische Kinder aus ihren Wohnungen gezerrt und in den Tod geschickt wurden. Und während sie zu verstehen begannen, was ein paar Jahre zuvor geschehen war, trafen sie gleichzeitig auf die Feindseligkeit der Juden aus anderen Ländern. Und für viele Juden in Deutschland lag die einzige Möglichkeit in der Auswanderung.

Moishe Waks und sein Bruder schlossen sich der ZJD an (Zionistische Jugend Deutschlands), einer Organisation, die nur ein Ziel kennt: Deutschlands Jugend nach Israel zu bringen. »Ruven wurde immer zionistischer, und nach dem Abitur zog er nach Israel. Und ich stand ihm nicht nach. Als ich im Gymnasium war, wollte ich überhaupt nicht mehr da bleiben.«

Moishe Waks ging 1973 nach Israel. Er blieb sieben Jahre dort, aber wie für sehr viele Juden aus Westeuropa erwies sich auch für ihn der Neuanfang in Israel in den siebziger Jahren als zu schwierig. Er kehrte 1980 nach Deutschland zurück, als die ZWST ihm einen Job anbot: als Leiter der Jugendprogramme der Berliner Gemeinde. Als er später ins Maklergeschäft einstieg, arbeitete er weiterhin ehrenamtlich in verschiedenen Gemeindeorganisationen und besonders für die ZWST. Als ich ihn fragte, ob er sich heute in Deutschland zu Hause fühle und warum er 1980 zurückkam, grinste er. »Ich will es mal so sagen«, erklärte er mir, während er seine Aktentasche packte. »Psychologen haben einen bestimmten Test durchgeführt. Man nimmt zwei Gruppen Leute und teilt sie auf. Den einen sagt man, sie sollten Rechtecke über ein Blatt Papier schieben, dafür bekämen sie, na sagen wir, zehn Mark. Die andere Gruppe erhält den gleichen Auftrag, nur sagt man ihr kein Wort von Geld. Natürlich werden die Gruppen getrennt gehalten. Später stellt man den Leuten aus beiden Gruppen einzeln die Frage: Warum hast du die Rechtecke so herumgeschoben? Die aus der ersten Gruppe sagen dann immer, weil ich dafür bezahlt wurde, und damit hat sichs. Aber die zweite Gruppe, die denken nach, die grübeln, die denken noch ein bißchen mehr nach und geben alle möglichen, hochkomplizierten Antworten, um zu erklären, warum sie das getan haben.« Er stieß sich vom Tisch ab und lächelte. »Und sehen Sie, wir Juden in Deutschland – wir sind die zweite Gruppe. Und wir versuchen uns zu erklären, warum wir hier sind, seit – nun seit wir hier sind.«

Gabriele Fenyes ist nicht untypisch für die erste Generation der nach dem Krieg geborenen Juden. Groß, schlank und elegant gekleidet, lebt sie in Hamburg, wo sie zwanzig Jahre lang als Managerin für die Axel-Springer-Verlagsgruppe gearbeitet hat. Ihre in der Slowakei geborene Mutter überlebte die Deportation und Auschwitz. Sie wurde in ein Arbeitslager in Bremen geschickt und in Bergen-Belsen schließlich befreit. Ihr Vater, ein Anwalt aus Budapest, der vor dem Kriege in der Sozialdemokratischen Partei Ungarns aktiv gewesen war, hatte eine Frau und zwei halberwachsene Kinder. Sie wurden alle zusammen deportiert. Als er aus einem Arbeitslager in der Nähe von Hannover befreit wurde, ging er auf die Suche nach seiner Familie und kam nach Bergen-Belsen, wo sie zuletzt gesehen worden waren. Sie hatten nicht überlebt. In Belsen begegnete er Gabrieles Mutter, und die beiden staatenlosen Juden, allein in der Welt, ohne eine Familie, zu der sie zurückkehren konnten, gingen zusammen in die nächstgelegene Großstadt, nach Hannover. Sie heirateten und bekamen zwei Töchter. Gabrieles Vater vertrat jüdische Wiedergutmachungsansprüche; ihre Mutter zog die beiden Kinder innerhalb der jüdischen Gemeindschaft auf. »Nur sprachen beide nie über die Vergangenheit. Diese Tür war verschlossen, und das blieb sie auch«, sagte Gabriele.

Auch wenn Hannovers Gemeinde winzig war und damals aus kaum hundert Juden bestand, sagte Gabriele: »Wir wuchsen völlig jüdisch auf, stolz und selbstbewußt. 1960 hatten meine beste Freundin, Gabi Fürst, und ich die ersten Bar Mizwas in Niedersachsen seit dem Krieg. Außerdem fuhren wir ins Sommerlager und waren in einer Jugendgruppe. Dennoch bewegten wir uns ganz selbstverständlich unter all unseren Nachbarn – jedenfalls bis ich heranwuchs. Dann packte mich der Zionismus wirklich.«

Mit mehreren Freunden ging Gabriele Fenyes 1971 aus Deutschland nach Israel, »um auszuprobieren, ob ich dort wirklich leben konnte«. Wie viele ihrer zionistischen Freunde konnte sie es nicht. »Es war einfach nichts für mich«, sagte sie seufzend. »Es war so schwer damals, in Israel zu leben, dorthin zu ziehen und ein ganz neues Leben zu beginnen. Und deutsch ist meine Muttersprache.« Sie zuckte die Achseln. »Ich bin hier aufgewachsen. Ich kam zurück.«

Gabriele Fenyes ließ sich in Hamburg nieder. Sie ist jetzt Vorsitzende der Jüdischen Gemeinde, der etwa 2000 Juden angehören, darunter fast 1000 aus der ehemaligen Sowjetunion und etwa einhundertfünfzig aus dem Iran. Sie fährt durch ganz Schleswig-Holstein, unterstützt die jungen Jüdischen Gemeinden und spricht in Schulen und Kirchen über jüdische Themen. »Aber von der Vergangenheit meiner eigenen Familie weiß ich nichts«, sagte sie mir im November in einem eleganten Hamburger Restaurant. »Im Laufe der Jahre habe ich einzelne Begebenheiten erfahren. So erzählte mir zum Beispiel ein Mann aus Budapest, mein Vater habe ihm das Leben gerettet. Sie können sich gar nicht vorstellen, wie stolz mich das machte, etwas so Gutes über ihn zu erfahren, wovon er niemals selbst gesprochen hatte. Und ich bin sogar zurück nach Budapest gefahren, um das alte Familiengrab auf dem jüdischen Friedhof zu besuchen und vor dem Haus meines Vaters in Pest zu stehen.« Sie verzog leicht das Gesicht. »Dann durchstöberte ich die Antiquariate in seiner alten Gegend – sie steckten voller Photographien von den Leuten dort, und ich suchte und suchte, aber wonach?« sagte sie und zog die Augenbrauen hoch. »Ich werde es nie wissen. Er starb vor über zwanzig Jahren.«

Auch von ihrer Mutter erfuhr sie nichts. »Die Zeit« brachte vor kurzem einen längeren Artikel über das Lager in Bremen, den Gabriele ihrer Mutter zeigte, in der Hoffnung, sie würde ihr etwas darüber erzählen, aber sie weigerte sich zu sprechen. »Schließlich, im vergangenen Jahr, konnte ich sie dazu bewegen, zum fünfzigsten Jahrestag der Befreiung mit nach Bergen-Belsen zu fahren, und im Bus hielt sie meine Hand und sagte: ›Jetzt werde ich dir alles erzählen‹. Sie begann damit, was ihre Mutter an dem Tage anhatte, als sie abgeholt wurde, aber weiter kam sie nicht. Und sie hat seither nie wieder ein Wort darüber gesagt.«

Das war mehr als eine Mauer des Schweigens. Es war eher ein Grabtuch. Fast alle Kinder von Überlebenden des Holocaust in Deutschland berichteten, wie sehr ihre Eltern sich bemüht hatten, die Vergangenheit von ihren Kindern fernzuhalten. Als ich in Frankfurt einer Jugendfreundin Gabrieles erzählte, ich sei in Deutschland fast nie in eine jüdische Wohnung eingeladen worden, lächelte sie geduldig, drückte ihre Zigarette aus und sagte: »Nach dem Krieg kauften meine Eltern eine riesige Wohnung, in der sie heute noch leben. Und als erstes ließen sie an der Eingangstür schwere Eisengitter anbringen. Das war zu einer Zeit, als man noch nicht einmal die Tür abzuschließen brauchte, geschweige denn zu verriegeln, aber das taten sie als erstes. Dann brachten sie drei Ketten an.

Rabbiner Michael Goldberger beim Hebräisch-Kurs im Jüdischen Gemeindezentrum Düsseldorf. Oktober 1995.

Leo Hirschfeld, der Ende der dreißiger Jahre nach London emigrierte, besucht aus Anlaß der Eröffnung des Centrum Judaicum im Mai 1995 die Neue Synagoge in Berlin, in der er 1934 seine Bar Mizwa feierte.

Wie viele andere Überlebende luden sie fast niemals jemanden in ihre Wohnung ein. Diese Menschen, die Überlebenden der Konzentrationslager in Polen, aus denen diese Gemeinde bestand, waren – mit nur wenigen Ausnahmen – fast alle so. Mit ihren Freunden trafen sie sich draußen, aber die Wohnung war etwas anderes.

Als Kind brachte ich keine Freunde mit nach Hause. Eine Weile versuchte ich es, aber die Spannung war mit Händen zu greifen, es war zu viel. So hörte ich damit auf und traf sie außerhalb.

Ab und zu kam mein Vater mit jemandem aus der Synagoge nach Hause. Irgendein armer Nebbich, der in Frankfurt allein war. Aber das passierte selten, und gewöhnlich nur an Pessach, wenn man einen Fremden in sein Haus einladen soll. Und die Mahlzeiten, das Essen war nicht zum Genießen da. Nur um satt zu werden, um es hinter sich zu bringen. Die Stimmung in diesen Wohnungen war kalt, einsam und fast tot. Wie das Leben der Menschen, die darin lebten.«

Wir schrieben jetzt 1996 – mehr als fünfzig Jahre nach Kriegsende, und ich fragte mich, ob die jüngere Generation der Juden, die in den siebziger Jahren geboren war, die Dinge anders sah.

Oliver Weiss' Vater Maximilian kam aus Presov in der Slowakei, und er blieb von der Deportation verschont, weil er sich versteckte. Er heiratete erst spät und verließ mit seiner Frau nach der sowjetischen Invasion 1968 die Tschechoslowakei. Sie ließen sich in Frankfurt nieder, und 1971 kam Oliver zur Welt.

Als Kind hatte Oliver eine eigene Methode entwickelt, mit seiner Existenz als Jude in Deutschland zurechtzukommen. Er verbarg es vor allen. »Niemand wußte, daß ich jüdisch war, außer meinem allerbesten Freund. Als ich die Bar Mizwa erhielt, bestand ich darauf, daß es in Israel stattfand, nicht in Frankfurt. Ich weigerte mich, an jüdischen Veranstaltungen teilzunehmen und ging nur gelegentlich mit meinem Vater zum Gottesdienst. Aber eines Tages in der Schule – ich war fünfzehn Jahre alt – sprachen wir über den Holocaust, und mein Freund drehte sich um und sagte, ›Fragt Oliver, er weiß darüber Bescheid, er ist Jude.‹ Und alle sagten: ›Ja, ehrlich?‹

Ich war vollständig schockiert. Ich war ...«, er lachte in sich hinein, »geoutet worden. Als Jude. Und das gefiel mir ganz und gar nicht.« Oliver Weiss hatte während seiner gesamten Kindheit – bis zu diesem Augenblick – versucht, eine Identitätskrise zu vermeiden, die er kommen sah, falls er sich öffentlich als Jude zu erkennen gab. Er ging damit um, indem er es vor der Welt verbarg. Aber das war nun nicht mehr möglich. Er lehnte sich in seinem Stuhl zurück und lächelte. »Ja, geoutet.«

Einige Monate wechselte Oliver Weiss die Schule. Im Unterschied zu seiner früheren Schule waren hier jüdische Kinder in jeder Klasse, jeweils zehn bis fünfzehn, etwa sechzig insgesamt. Sie hingen zusammen, tranken nach der Schule gemeinsam Limonade, trieben Sport, waren eine Clique. »Und hier bekam ich Freunde. Jüdische Freunde. Und das war, muß ich sagen, ein natürliches Band. Früher ging ich nur sehr ungern ins Gemeindezentrum, aber jetzt machte es mir nichts mehr aus. Ich arbeitete plötzlich an einer jüdischen Zeitung mit und tue das heute noch. Mitten in diesem Prozeß, in dem ich Jude wurde, offen jüdisch, beobachtete ich, wie mein Vater Deutschland immer mehr den Rücken kehrte und sich immer stärker Israel zuwandte. Ich begann nachzudenken, und es war damals für mich nur logisch, dort hinzufahren und das Land selbst kennenzulernen. Schließlich mußte ich einen Weg – und einen Ort – finden, um mein Jüdischsein zu definieren. Während ich also in Frankfurt viel mit meinen jüdischen Freunden zu tun hatte, beschloß ich, sofort nach der Schulzeit einen Sommer in Israel zu verbringen. Es war eine Art Probe für mich, um herauszubekommen, ob ich dort leben könnte.«

Oliver Weiss hoffte, sein Aufenthalt in Israel würde seine Identität prägen, und das geschah auch, aber anders, als er es geplant hatte. Als er in einem Kibbuz lebte, sagte er zu einem älteren Kibbuznik, er werde von Frankfurt aus sicher mit ihm in Kontakt bleiben. Der Mann bellte zurück: »Auf keinen Fall! Ich will in meinem Haus nicht mal eine Briefmarke von diesem scheußlichen Ort.« Und eines Tages, als er mit einer jungen Frau plauderte, unterbrach sie ihn und sagte: »Hey, was ist denn los mit dir? Du bist so ein *Jecke*! Kannst du nicht irgendwann mal aufhören, ständig nachzudenken? Kannst du nicht einfach etwas tun und nicht immer nur denken, denken, denken?«

Oliver Weiss lächelte und schüttelte den Kopf. »Sie sprach das Wort *denken so* verächtlich aus! Na, ich sah sie einfach nur an, und in diesem Moment wurde es mir klar, und ich fuhr dieses Mädchen an, ›Okay, ich bin halt Deutscher‹. Und da wußte ich, daß ich niemals in Israel leben würde, denn so sehe ich nun mal die

Welt – als Deutscher. Oder vielleicht als Europäer. Für eine Weile jedenfalls bleibe ich hier.«

Eine Frankfurter Familie dachte hingegen ernsthaft daran, für immer zu gehen. Annette Ackermann war eine von drei Schwestern, deren Eltern den Holocaust überlebt hatten. 1991, während der schlimmsten Monate der Neonazi-Gewalt, beschlossen sie und ihr in den USA geborener Mann Michael, ein Anwalt, in die Vereinigten Staaten umzuziehen. Sie diskutierten das Thema mit ihren drei Kindern, und im Sommer 1992 zogen sie nach Florida. Da sie finanziell gut gestellt waren, entschieden sie sich für eine der besten Schulen in der Gegend. Annette befürchtete, daß ihre beiden Jungen den Anforderungen nicht gewachsen sein könnten, schließlich hatten sie ihr Englisch in Frankfurt gelernt. »Unser ältester Sohn Aby schnitt bei den Tests hervorragend ab, so daß wir uns gleich ein bißchen Sorgen machten, was ihm eine US High School bringen könnte.« Schlimmer jedoch waren einige deprimierende Vorfälle, »die uns das Gefühl gaben, wir kämen von einem anderen Stern«.

Aby schrieb von Anfang an eine Eins nach der anderen und führte die Schule auch in ihr erstes Fußballturnier. Dennoch mußte er endlose Sticheleien der Lehrer ertragen. »Bist du beschnitten?« fragte ihn einer geradeheraus; anscheinend hatte er ihn mit der großen Mehrheit der Juden aus der ehemaligen Sowjetunion verwechselt, die das nicht sind. »He, Berliner Mauer!« neckte ihn ein Lehrer ständig vor den anderen Schülern und fand das sehr witzig. Der Rektor der Schule fragte Aby, ob Auschwitz in Deutschland läge. Eines Tages kam Aby vor Wut fast weinend nach Hause. »Eine Lehrerin sagte, sie würden eine Klassenreise nach Washington, D.C. unternehmen und führen ab Miami mit dem Bus. Aby hob die Hand und fragte, weil es eine so große Entfernung war, ob man nicht auch den Zug nehmen könne, weil er in Amerika noch nie Eisenbahn gefahren war. Die Lehrerin verzog den Mund und sagte, ›Nun, wir wissen doch alle, was den Juden in den Zügen in Deutschland passierte, nicht wahr?‹« Annette verdrehte die Augen. »Das tat mir wirklich weh, daß er so etwas durchmachen mußte. Ich war ehrlich nie auf die Idee gekommen, daß uns Juden so gedankenlos behandeln würden.«

Der neunjährige Sohn Saly ging eines Tages mit einem anderen Jungen nach Hause. Die Mutter des Jungen geriet in Panik, als sie hörte, daß »ein Deutscher« in die jüdische Schule aufgenommen worden war. Sie rief den Rektor an. Einige Tage später nahm der Junge, Saly zur Seite und fragte flüsternd: »Gab es in deiner Familie Nazis?«

Annette Ackermann hob fragend die Hände. »Na, wo schnappt ein Neunjähriger solches Gerede schon auf?«

Anscheinend herrschte überall unausweichlich Ignoranz und Gedankenlosigkeit. Eines Abends kam ein Grundstücksmakler in die Wohnung der Ackermanns. Er hatte gesagt, er wolle mit ihnen über etwas Wichtiges sprechen. Michael bat ihn herein. Annette brachte Kaffee und Kuchen. Am Küchentisch sitzend schlug der Makler vor, Michael und Annette sollten mit ihm zusammenarbeiten und andere deutsche Juden finden, die bald nach Amerika fliehen würden, weil die Nazis in Deutschland sicher wieder bald die Macht übernehmen würden. Wenn sie mitarbeiten und ihm beim Verkauf einiger Häuser helfen würden, sagte er lächelnd, würden sie sicherlich gut miteinander ins Geschäft kommen. »Wir konnten nur lächeln und ihm für sein Angebot danken«, sagte Annette.

Eine andere jüdische Nachbarin besuchte Annette, nur um ihr zu sagen, sie sei froh, daß die Ackermanns – gerade noch rechtzeitig – nach Amerika gekommen seien, aber wenn die anderen Juden aus Frankfurt oder Berlin ebenfalls kämen und um Hilfe bäten, würde sie sie ihnen verweigern, »weil sie sich entschieden haben, nach dem Krieg in Deutschland zu bleiben«.

Die jüdische Familie, die Deutschland auch deshalb verlassen hatte, um von den Deutschen wegzukommmen, fand sich selbst so gründlich als Deutsche etikettiert, daß sie erneut nachdachte und nur einen Ausweg sah. Im Sommer 1994 kehrten sie nach Frankfurt zurück. »Und seit wir zurück sind, muß ich sagen, daß ich mich mehr zu Hause fühle als je zuvor. Das soll nicht heißen, daß nicht jeder Jude hier Identitätsprobleme hat. Das ist einfach so in diesem Land. Aber ob man sich nun deutscher Jude nennt oder Jude in Deutschland oder Jude mit deutscher Staatsangehörigkeit, das ist ziemlich egal. Es gibt hier ein jüdisches Leben, und wir gehören dazu.«

Juden in Deutschland heute

Eine neuerstandene Welt

Nach dem Krieg entwickelte sich in Deutschland erneut jüdisches Leben, trotz aller Schwierigkeiten, im Lande der Täter Jude zu sein, trotz des Drucks von außen, niemals wieder auf deutschem Boden jüdisches Leben erstehen zu lassen. 1950 verpflichteten sich internationale jüdische Organisationen, keine Jüdische Gemeinde in der Bundesrepublik anzuerkennen, doch die hier lebten, gründeten den Zentralrat der Juden in Deutschland, der sich um die politischen Angelegenheiten der verschiedenen Gemeinden kümmern sollte. Ein Jahr später ließ der Zentralrat die Zentralwohlfahrtsstelle der Juden in Deutschland wieder aufleben, die sich seit 1914 um die Wohlfahrtsbedürfnisse der Juden im ganzen Land gekümmert hatte und von den Nazis geschlossen worden war. Beide Bezeichnungen verdeutlichen eine zwiespältige Position. Es handelte sich nicht um Organisationen deutscher Juden, sondern vielmehr von Juden in Deutschland, und es stimmt ja auch, daß ein großer Teil des jüdischen Lebens, das sich nach dem Krieg aufs Neue entwickelte, von denen getragen wurde, die sich nach dem Krieg dort niedergelassen hatten, vor allem aus Polen und später aus Ungarn und der Tschechoslowakei kommend.

Vorstandsmitglieder der Jüdischen Gemeinde München bei einer Gedenkfeier im Konzentrationslager Dachau. Mai 1993.

Ein großer Teil der Kosten für Wiederaufbau und Unterhalt wurde – und werden weiterhin – von verschiedenen Landesregierungen und lokalen Verwaltungen in Deutschland aufgebracht, nicht von den Juden selbst. Während der zwei Jahrzehnte nach dem Krieg geschah alles, vom Gemeindeleben bis zu den Verhandlungen mit den Behörden, in aller Stille und immer vor der Öffentlichkeit verborgen. Niemand wollte auffallen. Die Juden sagten, sie säßen auf gepackten Koffern.

Das begann sich Ende der sechziger Jahre zu ändern. Während junge nicht-jüdische Deutsche ihre Eltern nach ihrer Vergangenheit fragten, stellten die ersten in Deutschland geborenen Juden, die an die Universitäten kamen, die – wie sie sagten – Ghettomentalität ihrer Eltern infrage. Da viele von ihnen, wie oben beschrieben, sich nicht als Deutsche empfinden konnten, zogen sie nach Israel wie auch in andere Länder, um zu studieren, zu leben und Arbeit zu finden. Sie wollten sich von der Last befreien, als Jude in Deutschland zu leben, aber viele kehrten während der siebziger und frühen achtziger Jahre zurück. Sie akzeptierten den status quo nicht länger – weder zu Hause noch unter ihren Nachbarn.

Zwei Vorfälle in Frankfurt signalisierten eine Wende im jüdischen Bewußtsein. Am 31. Oktober 1985, betraten 30 Juden – Grundstücksmakler, Intellektuelle,

Zuriel Tsah beim Sabbatmahl für Eltern und Kinder in der Jüdischen Grundschule Berlin. Oktober 1995.

Hausfrauen und Studenten – kurz vor der Premiere von Rainer Werner Fassbinders »Der Müll, die Stadt und der Tod« die Bühne im Frankfurter Schauspielhaus. Sie verhinderten die Aufführung des Stückes, in dem ein unersättlich gieriger, jüdischer Grundstückspekulant dargestellt wurde. Sie argumentierten, es sei offen antisemitisch. Auf dem Rand der Bühne sitzend, verwickelte diese seltsame Ansammlung von Juden das Publikum in eine Diskussion über die Beweggründe ihres Protestes. Später gaben sie Interviews und waren in Fernsehen und Radio zu sehen und zu hören. Eine Grenze war überschritten. Juden – tatsächlich lebende Juden – traten in Deutschland ins Licht.

Ein Jahr später, 1986, wurde ein neues Gemeindezentrum in Frankfurt eröffnet. Der Unterschied zwischen ihm und seinem Berliner Pendant spricht Bände. Das eine war 1959 gebaut worden, für eine winzige und entmutigte Gemeinde. Das andere, drei Jahrzehnte später eröffnet, war voller Klassenzimmer, Aufenthaltsräume, Jugendclubs und Spielplätze. Beide spiegeln die Zeit, in der sie errichtet wurden.[1] »Vom Tag der Eröffnung dieses Gebäudes an«, sagte Stefan Szajak, der Direktor des Frankfurter Gemeindezentrums, »packten wir die sprichwörtlichen Koffer aus, auf denen die Juden hier angeblich sitzen. Es war ein wichtiger psychologischer Schritt.«

Diesem Erwachen folgten drei Ereignisse, die Juden zunehmend wachsam werden ließen. Das erste war die deutsche Vereinigung. Es war nicht so sehr der Gedanke, nun mit 80 Millionen Deutschen zu leben – denn wo ist der Unterschied zwischen den ehemals 60 Millionen in der Bundesrepublik plus denen aus dem ehemaligen Osten? Es war vielmehr die Angst, es könne ein zu starkes, zu dominierendes Deutschland innerhalb von Europa entstehen. Wir alle wissen, was das letzte Mal passierte, als Deutschland der mächtigste Staat in Europa war. Juden bissen die Zähne zusammen, holten tief Luft und hofften inbrünstig, das große Deutschland möge so demokratisch bleiben wie zuvor die Bundesrepublik.

Fast sofort erschütterte jedoch eine Welle ausländerfeindlicher und neonazistischer Gewalttaten das Land. Ein Schwarzer wurde in Brandenburg ermordet. Asylbewerberheime in Rostock und Hoyerswerda wurden von Skinheads in Brand gesteckt, während die Nachbarn sympathisierend zusahen. Rechtsradikale zündeten die jüdische Barracke im ehemaligen Konzentrationslager Sachsenhausen an. Westdeutsche beeilten sich zu versichern, daß alles sei im ehemaligen Ostdeutschland gewesen. Aber dann wurde im Westen in der Nähe der holländischen Grenze ein Mann getötet, der für einen Juden gehalten wurde (er war keiner). Türkische Familien wurden Opfer von Brandanschlägen in Mölln und Solingen. Jüdische Friedhöfe in mehreren Städten wurden beschmiert, und es gab einen Brandanschlag auf die Lübecker Synagoge.

Der Zentralrat, der schon immer anonyme Drohbriefe erhalten hatte, mußte feststellen, daß diese Briefe inzwischen nicht mehr anonym waren. Der Bürgermeister eines Dorfes in der Nähe von Mainz schrieb, wie sehr er sich freue, daß kein Jude in seinem Ort lebe. War dies ein Vorbote schlimmerer Ereignisse? Und warum hielt sich die deutsche Justiz in ihren Urteilen gegen Mörder und Brandstifter so sehr zurück?

Das dritte Ereignis war der Golfkrieg, der weiter oben in diesem Buch behandelt wurde. Während Israelis einander aus Gasmasken ansahen, behaupteten deutsche Mütter, sie hätten Angst und kauften ganze Lebensmittelläden leer. Während Hans Christian Ströbele, Vorstandsmitglied der Grünen, »die irakischen Raketenangriffe auf Israel zur logischen, fast unvermeidlichen Folge der israelischen Politik« erklärte[2], mußte Edna Brocke, die Leiterin des Jüdischen Museums in Essen, mitansehen, wie die jüdisch-christliche Freundschaftsgesellschaft, in der sie Mitglied gewesen war, unter bitteren Vorwürfen auseinanderbrach. »Ich mußte mich fragen, ob wir überhaupt jemals die gleiche Sprache gesprochen hatten? Waren all diese Jahre vergeblich gewesen?«

Diese Entwicklungen schockierten, verwirrten und beängstigten die Juden. Aber im Unterschied zu früher erhoben sie nun offen die Stimme und taten ihre Sorge kund. Von Offiziellen wie Heinz Galinski, dem Präsidenten des Zentralrats, bis hin zu Schriftstellern und Essayisten wie Julius Schoeps, Ralph Giordano, Dan Diner, Micha Brumlik und insbesondere Henryk Broder äußerten sich Juden in Fernsehen und Radio und schrieben dutzende Artikel für die bekanntesten Zeitungen und Zeitschriften des Landes. Sie machten ihren Standpunkt deutlich: Das deutsche Antikriegs-Verhalten während des Golfkrieges sei lediglich eine Tarnung für Anti-Israelismus.

Während des Golfkriegs und hinterher schien Ignatz Bubis, der nach Galinskis Tod Präsident des Zentralrates wurde, überall zu sein. Er nahm eine Stellung im öffentlichen Leben ein, wie es noch kein jüdischer Repräsentant nach dem Krieg getan hatte. In den Fluren des Bundestags, mit Interviews, bei Reden vor Schulklassen und an Universitäten, bei der Eröffnung von Ausstellungen wurde dieser Mann zu einem Bestandteil des öffentlichen Lebens in Deutschland. Bubis stellte sich auch gedankenlosen oder provozierenden Fragen und zeigte sich in seinen Antworten geradeheraus und offen. Aber er brachte auch fast immer genug Ironie auf, um die Situation zu erleichtern; 1996 war er zu einem der wirksamsten Diplomaten Deutschlands geworden – seine Aufgabe, so schien es mir, bestand darin, den Deutschen sich selbst zu erklären. Es gab sogar 1994 eine kurzlebige Bewegung, ihn als deutschen Präsidenten kandidieren zu lassen. Er lehnte das Angebot mit einem amüsierten Lächeln ab, blieb aber in der FDP bundesweit und in Frankfurt weiter aktiv. Er war nicht der einzige Jude der sich in der Politik engagierte. Sein Stellvertreter im Zentralrat, der Frankfurter Rechtsanwalt Michel Friedman ist Mitglied des Bundesvorstandes der CDU und der Sozialarbeiter Peter Feldmann ist ein Stadtverordneter im Frankfurter Parlament.

Die übergroße Mehrheit der jüdischen Bevölkerung beteiligt sich jedoch nicht an öffentlichen Foren. Sie gehen ihren Berufen nach und bleiben untereinander. Viele nehmen aktiv am jüdischen Gemeindeleben teil. Direktor Stefan Szajak erklärte mir die Angebote im Jüdischen Gemeindezentrum in Frankfurt. »Vor der Ankunft der Juden aus der Sowjetunion«, sagte er, »waren wir eine ältere Gemeinde. Jetzt liegt das Durchschnittsalter unserer 6000 Mitglieder etwa bei dreiundvierzig Jahren. Wir haben jetzt die sehr Alten, und auch junge Familien, aber die Generationen dazwischen sind schwach vertreten. Unsere Zahl nimmt nur durch die Neuankömmlinge zu.«

Die Synagoge in Hannover, die nach dem Krieg errichtet wurde. Juni 1992.

Die Betreuung der Älteren ist in einer Gemeinde wie Frankfurt besonders schwierig. Viele der Alten, die niedrige Renten erhalten und deren Wiedergutmachungszahlungen für ihren Lebensunterhalt nicht ausreichen, werden von der Jüdischen Gemeinde und der ZWST finanziell unterstützt. Das jüdische Altersheim (eines von vieren im Lande, die von den Gemeinden und der ZWST unterhalten werden), hat zweihundertsieben Bewohner. »Aber viele Leute wollen zuhause bleiben, und wir müssen das respektieren«, sagte Szajak. »Unser koscheres Restaurant bereitet täglich Mahlzeiten, und wir schicken unseren Fahrer zu den Kranken. Seit einigen Jahren bekommen wir nichtjüdische Zivildienstleistende, die putzen und einkaufen. Wir haben jüdische Sozialarbeiter, die jede Woche Hausbesuche machen, und drei Ganztagsschwestern, die zu den Leuten nach Hause gehen und uns dann berichten. Die Sozialarbeiter bemühen sich nach Kräften, die Leute aus ihren Schneckenhäusern herauszuholen. Wir wollen, daß sie herkommen, Karten spielen, Konzerte hören, Reisen machen. Viel davon passiert in Zusammenarbeit mit der ZWST, die jetzt ein Ferienhotel in Bad Kissingen betreibt. Es ist eine schöne Sache, wenn man die alten Leute eine Woche in den Schwarzwald schicken kann, wo sie in einer jüdischen Umgebung leben, mit Freunden wohnen, koscheres Essen bekommen.«

Von seinem Büro im vierten Stock konnten wir den Pausenlärm hören. Auf der anderen Seite des Hofes liegt der Kindergarten für einhundertzwanzig Kinder und die Volksschule für dreihundert Schüler. Ich stellte mich ans Fenster, um ihnen zuzusehen, wie sie spielten, einander jagten, Seil sprangen. Szajak neigte leicht den Kopf und lächelte. »Das ist das beste an diesem Gemeindezentrum. Es lebt wirklich. Und unser schönstes Problem ist, daß die Schule zu klein für uns geworden ist.«

Ein Nachmittag im Jüdischen Gemeindezentrum in Frankfurt am Main. März 1996.

Ignatz Bubis, Vorsitzender des Zentralrats der Juden in Deutschland, nimmt als Gast an einer Sitzung des Bundestags teil. November 1993.

Seit ich mich 1992 als Mitglied der Berliner Jüdischen Gemeinde einschrieb, ist die Zahl der Juden bis 1996 von 9200 auf 10200 angewachsen. Ein Tropfen auf den heißen Stein, verglichen mit den 170000 vor dem Krieg, aber man errichtet keine Gemeinde, indem man in die Vergangenheit schaut. Und deshalb eröffneten Juden in Berlin, Frankfurt und München seit Anfang der siebziger und in den achtziger Jahren Kindergärten und jüdische Grundschulen.

Inzwischen gibt es in Berlin sogar eine jüdische Oberschule, und 1995, als die Berliner Gemeindeschule fünfhundert Schüler zählten, wurde die erste neugebaute jüdische Schule auf deutschem Boden einge-

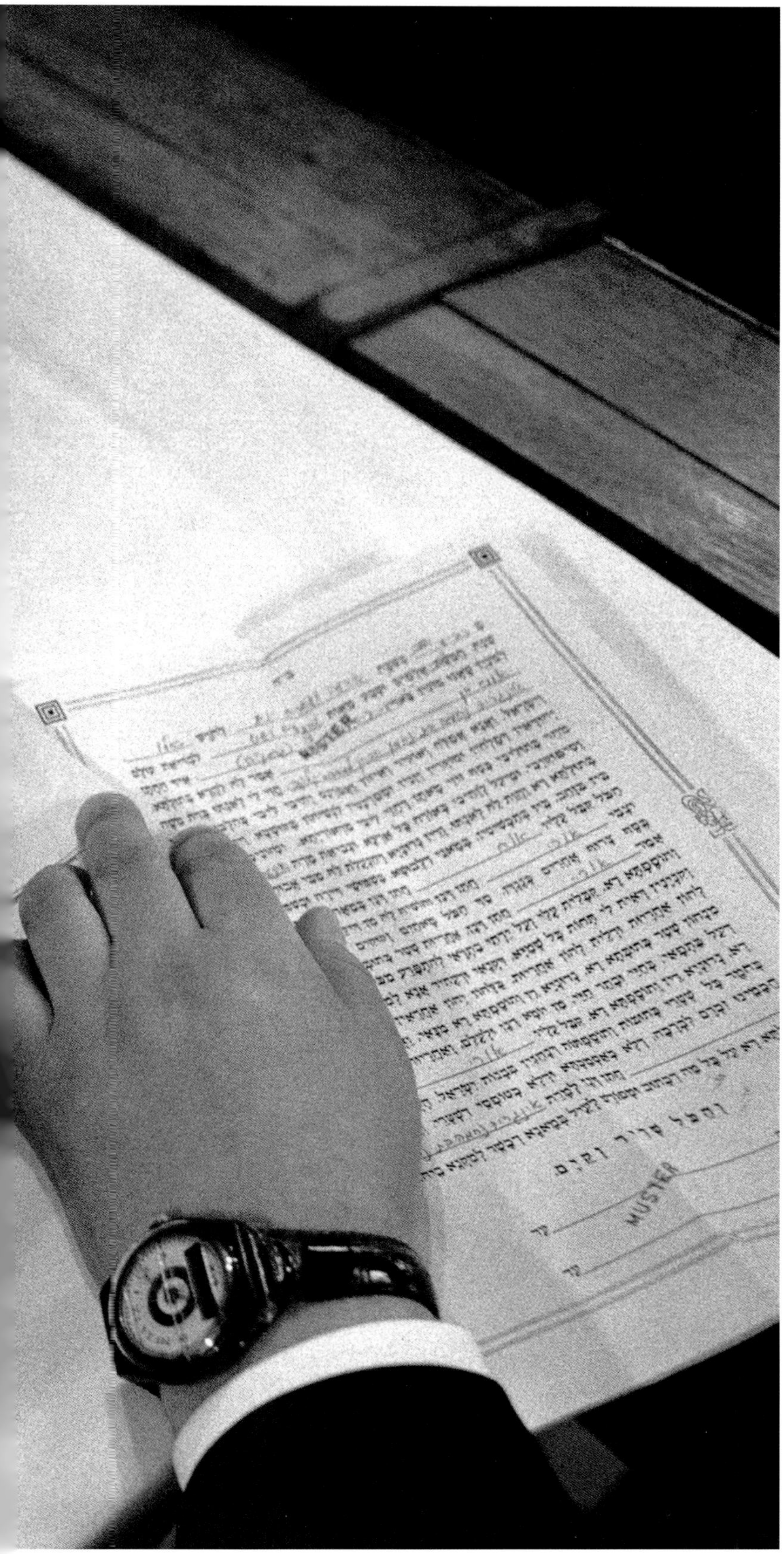

Die Hochzeit von Juri Brener und Ingrid Klüger in der Synagoge Düsseldorf. Oktober 1995.

Rabbiner Gochwald unterschreibt das Hochzeitsdokument von Juri Brener und Ingrid Klüger in der Düsseldorfer Synagoge. Oktober 1995.

weiht. Von den dreiundachtzig anonym eingesandten Entwürfen des Architekturwettbewerbs der Jüdischen Gemeinde wurde der von Zvi Hecker mit dem ersten Preis ausgezeichnet. In der Nachfolge erhielt der israelische Architekt weitere Architekturpreise. Die Schule, mit weißen, elegant gebogenen Wänden, die wie riesige Segel wirken, ist aus Beton, Holz und Stahl errichtet. Und im Gegensatz zu den vielen festungsähnlichen jüdischen Institutionen in ganz Europa gibt es hier offene Terrassen, riesige, schattenspendende Bäume mit Rundbänken umkränzt und die geschwungenen Wände. Im Inneren schlängeln sich S-förmige Flure,

Maccabi-Sportfest in Berlin. Juli 1992.

Miki läßt keinen Bissen übrig. Frühstück im ZWST-Sommerferienlager Sobernheim. August 1992.

ZWST-Sommerferienlager Sobernheim: Ein spontanes Lied bringt alle auf Stühle und Bänke. August 1992.

die Kinder geradezu zum rennen einladen. Der offensichtlich hoch erfreute Bundespräsident Roman Herzog wohnte der Eröffnung bei. Neben ihm stand eine strahlende Norma Drimmer.

Die Schuldezernentin der Gemeinde, deren Eltern die Konzentrationslager überlebten, studierte an der Sorbonne in Paris. Sie hatte sich leidenschaftlich für die Schule eingesetzt und ist mit Leib und Seele dabei. Als sie mich am Eingang erwartete, um mich durch Heckers Bauwerk zu führen, sagte sie: »Vergessen Sie nicht, diese Schule kostete nur fünfzehn Prozent mehr als jede andere Schule. Wir blieben vollständig in dem Rahmen, den uns der Berliner Senat gesetzt hatte, und die Zusatzkosten waren für das, was unbedingt nötig war – Sicherheit, kugelsichere Türen und Fenster im Erdgeschoß, besondere Alarmanlagen, Tore und Mauern.«

Zweihundertvierzig Schüler waren 1996 angemeldet und wurden von achtzig Lehrern unterrichtet, darunter auch einem Dutzend Israelis. Norma Drimmer sagte: »Ich weiß noch, wie nervös wir 1986 waren, als wir unsere erste Schule eröffneten. Wir hatten nur fünfundzwanzig Schüler, und ich hätte nie gedacht, daß sie viel größer werden würde.« Sie verdrehte die Augen. »Als wir dann diese Schule bauten, sorgten wir dafür, daß sie Platz für vierhundert Schüler bot. Und ich glaube, ich glaube wirklich, daß sie nicht größer zu sein braucht.« Norma Drimmer lächelte wie eine Cheshire-Katze. »Ich meine, können Sie sich das vorstellen? Vor zehn Jahren fünfundzwanzig Schüler und jetzt zweihundertfünfzig?«

Ich dachte an die neue Schule und die Generation von Kindern, die sie besuchten, als ich vor der Moses-Mendelssohn-Oberschule im ehemaligen Ostberlin stand. Die Schule war von den Nazis geschlossen worden; während der kommunistischen Zeit war hier eine Handelsschule untergebracht gewesen. Die Berliner Gemeinde erhielt 1991 ihr Eigentum zurück, und 1993 wurde die Schule eröffnet. 1996 hatte sie über hundert Schüler. Von einem Fenster im dritten Stock aus schaute ich auf den Spielplatz. Kinder schwatzten, jagten einander und verausgabten ihre Energie. Dies illustrierte für mich die jüdische Zukunft. Aber von meinem Aussichtspunkt aus konnte ich noch etwas anderes sehen. Auf der anderen Seite der hohen Steinmauer, die den Spielplatz begrenzte, lag der alte jüdische Friedhof der Großen Hamburger Straße, wo nur noch Moses Mendelssohns Grab steht. Gleichzeitig sah ich spielende und tobende jüdische Kinder und, von ihnen nicht zu sehen, deutsche Touristen in Mänteln, die stur über den ehemaligen Friedhof gingen. Dann formten sie einen Kreis um Mendelssohns Grabstein und lauschten einem Vortrag über die jüdische Vergangenheit. Ich wandte mich wieder der jüdischen Zukunft zu.

Die Mendelssohn-Schule gehört zu einem Viertel, in dem die jüdische Präsenz immer offensichtlicher wird. Um die Ecke, an der Oranienburger Straße, liegt das Centrum Judaicum, ein jüdisches Museum, das vor kurzem in der teilrekonstruierten Synagoge eröffnet wurde, die vor dem Krieg die größte und prächtigste der Stadt war. Dank dem mutigen Einschreiten eines nicht-jüdischen Polizisten, der die Nazis verjagte und die Feuerwehr rief, wurde sie in der »Kristallnacht« nicht völlig zerstört. Später taten Alliierte Bomben das ihrige, und in den sechziger Jahren wurde das beschädigte Allerheiligste abgerissen. In den folgenden Jahren blieben die von Bäumen und Büschen überwachsenen Trümmer des Gebäudes, seine einstmals prachtvolle Kuppel in Schutt, als ein Gerippe stehen.

1988 verkündete die ostdeutsche Regierung, das Gebäude werde restauriert – außer dem Allerheiligsten – und in ein jüdisches Museum umgewandelt. Hermann Simon, ein ostdeutscher jüdischer Historiker, wurde zum Direktor berufen. 1988 und 1989 sprach ich mehrere Male mit ihm. Ich hielt ihn für einen kalten Apparatschik. Aber nachdem die Mauer gefallen und Ostdeutschland zusammengebrochen war, kämpfte Simon unermüdlich für sein Museum; die Bauarbeiten wurden nicht eingestellt – das war sein Verdienst und das des Berliner Senats. Simon wurde aufgeschlossener und fröhlicher. 1994, als die Goldkuppel der Synagoge restauriert wurde, begann er sogar Witze zu erzählen. Und im Mai 1995 begleitete ein feierlich aussehender Hermann Simon den Bundespräsidenten und den Bundeskanzler bei der Eröffnung des Museums. In seinem ersten Jahr hatte das Centrum Judaicum bereits mehr als 180 000 Besucher.

Dieser Teil Berlins, die alte Spandauer Vorstadt, zeigt die Vielfalt und Lebendigkeit des jüdischen Lebens besser als irgendein anderer Ort in Deutschland. Überall versuchen jüdische Gruppen, ihre eigene Identität zu schaffen. Als ich Simon zum ersten Mal begegnete, war er zweiter Vorsitzender der Ostberliner

Purim-Parade in der Oranienburger Straße, Berlin. März 1994.

Jonas Melchers und Phillip Kein vor der Sabbatfeier in der Synagoge Pestalozzistraße. März 1993.

Gemeinde mit einhundertneunzig Mitgliedern, genau der Hälfte aller im ostdeutschen Staat registrierten Juden. Nach dem Krieg war er Mitglied der Westberliner Gemeinde geworden, die das Eigentum und Anliegen der nun erloschenen östlichen Gemeinde übernommen hatte. Einige Juden entschieden sich jedoch gegen den Beitritt und gründeten den Jüdischen Kulturverein, der ein paar Häuser weiter seinen Sitz hat. Da er keine eigene Synagoge, einen festangestellten Lehrer oder Rabbiner hat, mag sein jüdischer Inhalt nicht ganz so stark sein, aber er entsprach dem Wunsch derjenigen Juden, die ihre Belange in der nun größeren Gemeinde nicht mehr vertreten sahen. Im Vorstand war die streitbare Irene Runge. Immer angriffsbereit im Stil kommunistischer Polemiker, bot sie den Juden einen Ort, an dem sie sich versammeln und zusammensein konnten.

Um die Ecke versucht Mario Offenburg, dessen Vater die kleine orthodoxe Gemeinde Adass Jisroel bereits im Vorkriegsberlin leitete, etwas ähnliches in und um seine kleine Synagoge, an die auch ein koscheres Restaurant und Lebensmittelgeschäft angeschlossen sind. In ganz Deutschland entwickelt sich mittlerweile eine Vielfalt, deren Konzept vom Zentralrat nicht völlig begrüßt wird.

Seiten 106/107: Rabbiner Ernst Stein gibt Jonas Melchers einen Schluck Wein während der Feier des Purimfests in der Synagoge Pestalozzistraße. März 1993.

Amalie Strauch im Berliner Seniorenheim. November 1992.

Bis vor kurzem war das religiöse Leben im Nachkriegsdeutschland völlig in der Hand orthodoxer Juden, obgleich sich nur wenige Juden im Land als orthodox bezeichnen würden. Und während der Zentralrat über die Schwierigkeiten klagte, orthodoxe Rabbiner nach Deutschland zu holen, verlangte die Basis offensichtlich nach Liberalisierung. Als die winzigen Gemeinden von Oldenburg und Braunschweig eine Rabbinerin einstellten, erklärte der Zentralrat lautstark seine Gegnerschaft. Die mutete ironisch an, hatte doch Deutschland schließlich bereits in den dreißiger Jahren die erste Rabbinerin. Als mehrere Frankfurter Juden ihre eigene liberale Kongregation starteten, zeigte sich der Zentralrat ebensowenig begeistert.

Mit dem anhaltenden Zustrom von Juden aus der ehemaligen Sowjetunion werden sich die Dinge in den jüdischen Gemeinden Deutschlands ändern. So wie der Zentralrat von Juden polnischer Abstammung beherrscht war, dürften mit der Zeit Juden aus dem entfernteren Osten ihren Platz einnehmen. Schon jetzt stellen sie die Mehrheit in den Gemeinden im ganzen Land.

1 Die Abteilungen der Berliner Gemeinde sind inzwischen in mindestens vier getrennten Gebäuden untergebracht und stehen der größten Gemeinde des Landes mit 10200 Mitgliedern zur Verfügung. Frankfurts Gemeinde hat inzwischen über 6000 Mitglieder.

2 Vgl. Broder, Henryk M.: Erbarmen mit den Deutschen, Hamburg 1993

Der ehemalige Stasi-General Markus Wolf im Gespräch mit dem Ersten Israelischen Generalkonsul Mordechai Levi während der Chanukka-Feier des Jüdischen Kulturvereins. Dezember 1994.

Empfang zu Ehren der Bundestagspräsidentin Prof. Dr. Rita Süssmuth im Jüdischen Gemeindezentrum Düsseldorf. Oktober 1995.

Gedenkfeier im Konzentrationslager Buchenwald. Mai 1995.

Ein erstklassiges Zeugnis: Dani Levi in der Jitzchak-Rabin-Schule in Düsseldorf. Oktober 1995.

Sportunterricht in der Jüdischen Grundschule in Berlin. Dezember 1994.

JULIA

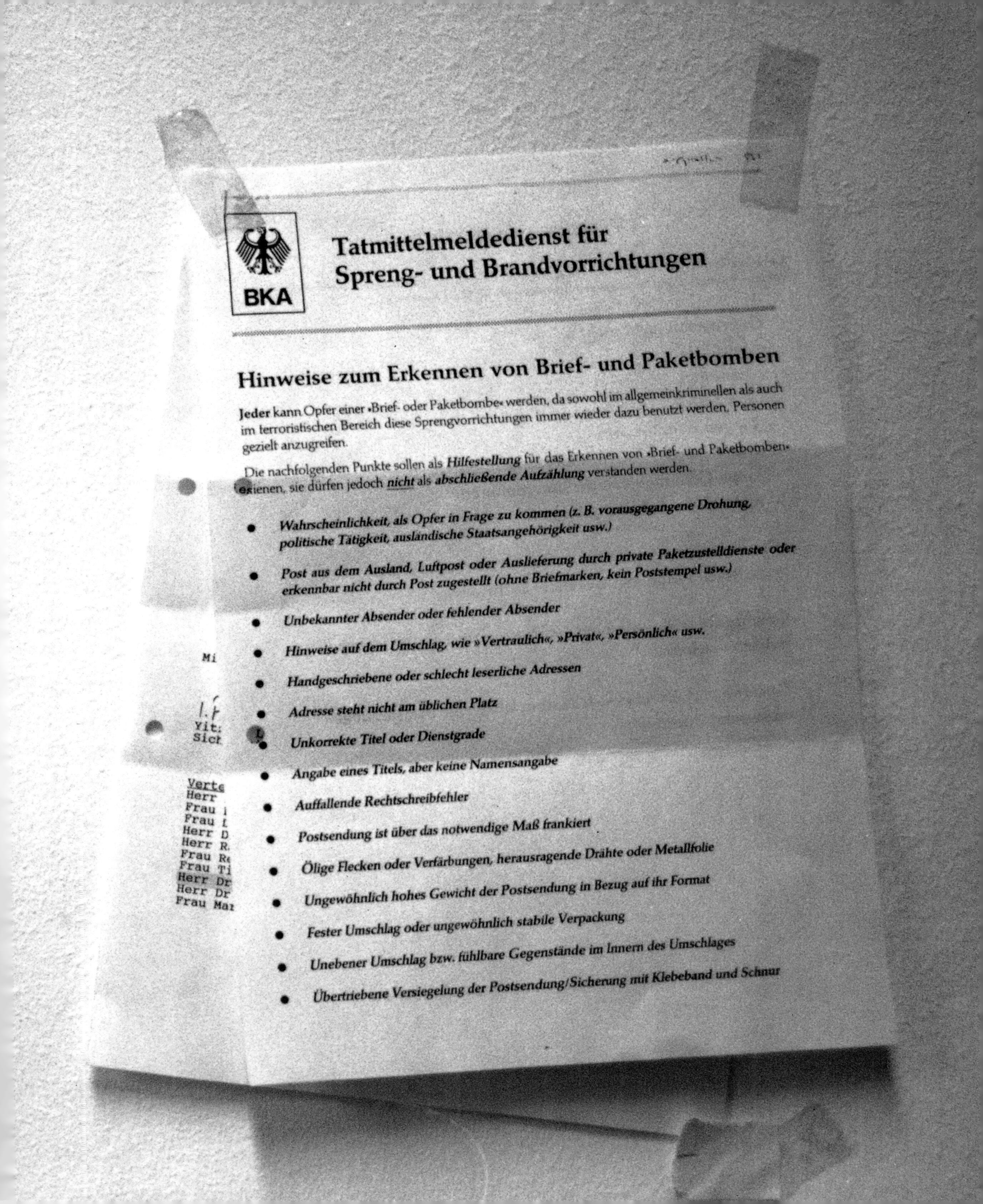

Tatmittelmeldedienst für Spreng- und Brandvorrichtungen

BKA

Hinweise zum Erkennen von Brief- und Paketbomben

Jeder kann Opfer einer »Brief- oder Paketbombe« werden, da sowohl im allgemeinkriminellen als auch im terroristischen Bereich diese Sprengvorrichtungen immer wieder dazu benutzt werden, Personen gezielt anzugreifen.

Die nachfolgenden Punkte sollen als ***Hilfestellung*** für das Erkennen von »Brief- und Paketbomben« dienen, sie dürfen jedoch ***nicht*** als ***abschließende Aufzählung*** verstanden werden.

- *Wahrscheinlichkeit, als Opfer in Frage zu kommen (z. B. vorausgegangene Drohung, politische Tätigkeit, ausländische Staatsangehörigkeit usw.)*
- *Post aus dem Ausland, Luftpost oder Auslieferung durch private Paketzustelldienste oder erkennbar nicht durch Post zugestellt (ohne Briefmarken, kein Poststempel usw.)*
- *Unbekannter Absender oder fehlender Absender*
- *Hinweise auf dem Umschlag, wie »Vertraulich«, »Privat«, »Persönlich« usw.*
- *Handgeschriebene oder schlecht leserliche Adressen*
- *Adresse steht nicht am üblichen Platz*
- *Unkorrekte Titel oder Dienstgrade*
- *Angabe eines Titels, aber keine Namensangabe*
- *Auffallende Rechtschreibfehler*
- *Postsendung ist über das notwendige Maß frankiert*
- *Ölige Flecken oder Verfärbungen, herausragende Drähte oder Metallfolie*
- *Ungewöhnlich hohes Gewicht der Postsendung in Bezug auf ihr Format*
- *Fester Umschlag oder ungewöhnlich stabile Verpackung*
- *Unebener Umschlag bzw. fühlbare Gegenstände im Innern des Umschlages*
- *Übertriebene Versiegelung der Postsendung/Sicherung mit Klebeband und Schnur*

Ein Schüler des Jüdischen Gymnasiums in Berlin stellt sich den Fragen der Journalisten. August 1993.

Jerzy Kanal, Vorsitzender der Jüdischen Gemeinde zu Berlin, gibt eine Pressekonferenz anläßlich der Eröffnung des ersten Jüdischen Gymnasiums in Deutschland nach dem Zweiten Weltkrieg. August 1993.

Seiten 114/115
Chanukka-Bild und amtliches Informationsblatt zur Identifizierung von Briefbomben in der Jüdischen Grundschule Berlin. August 1992.

Empfang im Generalkonsulat des Staates Israel in Berlin zu Ehren einer Berlinerin, die während des Zweiten Weltkrieges Juden versteckte. Mai 1993.

Eröffnung des Centrum Judaicum in Berlin. Jüdische Polizisten aus New York ehren den nicht-jüdischen Polizisten, der in der »Kristallnacht« 1938 die Neue Synagoge vor der Zerstörung bewahrte. Mai 1995.

29036
17350
1
29036
PORTNER
67

Juden in Deutschland heute

Die Russen kommen

Eines Nachmittags im Frühling 1990 schloß Mary Sofer, eine Israelin, die seit fast zwanzig Jahren in Deutschland lebte, gerade das Büro des Jüdischen Landesverbandes von Niedersachsen in Hannover, als das Telefon klingelte. »Eine Freundin rief mich an und sagte, ein russischer Jude sei soeben in Hannover eingetroffen und wolle hier leben. Sie wollte wissen, ob ich helfen könne.« Also fuhr sie zu dem Mann, ließ sich ein paar Informationen geben und machte sich daran, mit den Behörden der Stadt zu telefonieren, um eine Aufenthaltserlaubnis für ihn zu bekommen, Krankenversicherung, einen Sprachkurs, eine Wohnung, Sozialunterstützung. »Ich mußte zwei Tage lang telefonieren und auf Ämter laufen und Briefe schreiben, aber ich schaffte es. Und gerade als ich alles zu einer Akte zusammenstellte, klingelte das Telefon. Es war noch ein Russe. Dieses Mal eine Familie. Sie waren gerade erst angekommen. Sie wollten hier leben. Sie brauchten Hilfe.« Sie lächelte. »Wissen Sie, manchmal wünsche ich mir, beim ersten Mal hätte ich das Telefon gar nicht erst abgenommen.«

Unter allen seltsamen Nebenwirkungen, die der Fall der Berliner Mauer und der Zusammenbruch der Sowjetunion nach sich zogen, sticht die Neubelebung jüdischen Lebens in Deutschland besonders hervor. 1990 gab es 28000 registrierte Juden in Deutschland. Seitdem wurden weitere 25000 Einwanderer in die Bücher der Gemeinden eingetragen. Überall stiegen die Mitgliederzahlen. Hannovers 380 Juden haben nun über 1200 neue jüdische Nachbarn. Düsseldorfs Gemeinde wuchs innerhalb von fünf Jahren von 2000 auf 3500. In Berlin, das schon seit dem Ende des Kalten Krieges Juden aus dem Osten aufgenommen hatte, kam zu den etwa 3500 Gemeindemitgliedern die doppelte Anzahl an Russen, Weißrussen, Georgiern, Ukrainern, Letten, Litauern, Esten, Kasachen usw. Und im ehemaligen Ostdeutschland sind ganz neue Gemeinden entstanden, die von den Neueinwanderern selbst gegründet wurden.

Die Integration der Neuankömmlinge hat die Gemeinden sehr gefordert und belastet die Unterstützungs- und Ausbildungssysteme bis an ihre Grenzen. Dennoch liefern die Einwanderer den alternden und isolierten jüdischen Gemeinden Deutschlands etwas, was diese bisher nicht besaßen: eine Zukunft.

Das Problem, Tausende neuer Mitglieder in den einst kleinen Gemeinden aufzunehmen, ist jedoch schwierig genug. Die ZWST hat die Verantwortung für die Koordination dieser Arbeit übernommen. Von ihrer Zentrale in Frankfurt aus reisen die Angestellten der ZWST durch das Land, um mit Behördenvertretern zu verhandeln, um angemessene Wohnungen und Sprachkurse für die Neueinwanderer zu beschaffen. Lehrer der ZWST unterweisen die ehemaligen Sowjetbürger in Grundlagen der jüdischen Tradition und Sitten. Und es gibt viel zu lernen: denn nachdem sie über Generationen Angst hatten, ihre Religion auszuüben, wissen die ehemaligen Sowjetbürger fast nichts über das Judentum. Aber nicht alle wollen ihr Jüdischsein wiederentdecken, und viele sind nur damit beschäftigt, eine neue Sprache zu lernen und herauszufinden, wie sie in einer konkurrierenden, kapitalistischen Gesellschaft zurechtkommen können.

Um den Interessierten die Integration zu erleichtern, bietet die ZWST Wochenendseminare im Schwarzwaldkurort Bad Kissingen an sowie Aufenthalte im Ferienlager in Sobernheim. Die Wochenenden

Junge Zuwanderer aus der GUS auf der Fahrt ins ZWST-Sommerferienlager Sobernheim. Juni 1992.

sind ausschließlich für Mütter mit Kindern bestimmt. Sie können dort jüdische Sitten und Gebräuche lernen, kochen und singen. Andere Seminare sind ausschließlich arbeitsplatzorientiert – viertägige Veranstaltungen bieten bildenden Künstlern die Möglichkeit, Art Direktoren, Designer und Zeitschriftenverleger zu treffen. Bei anderen erhalten Musiker die Chance, mit Managern von Plattenfirmen, Musikagenten und Restaurantbesitzern Erfahrungen auszutauschen.

Im November 1995 fuhr ich von Frankfurt nach Sobernheim, um einem Musikerseminar beizuwohnen. Das jüdische Ferienlager liegt nicht weit vom winzigen Bahnhof entfernt, versteckt in den Bergen des malerischen Rheinlandes. Als ich ankam, hörte ich aus den Fenstern des zweiten und dritten Stocks Geigenübungen. Während ein israelischer Koch eine Mahlzeit zubereitete, lauschten sechsundzwanzig Musiker einem Vortrag des pensionierten Direktors der Frankfurter Musikakademie. Er sprach über die Notwendigkeit richtiger Bewerbungsschreiben und erklärte, daß man telefonisch nachhaken müsse. Er hielt Exemplare der verschiedenen Fachpublikationen in die Höhe und nannte die mit dem besten Anzeigenteil.

Als die Leute nach dem Vortrag auseinandergingen oder sich um den Professor drängten, saß Elena Dragiewa kopfschüttelnd da. »Ich bin jetzt seit einem Jahr in Deutschland«, sagte sie traurig, »und immer noch schicke ich nur Briefe und Vorspielbänder herum. Ich habe absolut nichts erreicht.«

Elena Dragiewa kam aus Riga, wo sie mit Mann und Sohn gelebt hatte. Fast dreißig Jahre lang gab sie Klavierstunden und begleitete Opernsänger bei ihren Auftritten in Riga und anderswo. Aber nach 1989, als Lettland unabhängig wurde, verloren sie und ihre Familie die meisten ihrer Aufträge, weil sie nicht lettisch sprachen. »Sie sagten uns, ›Geht zurück nach Rußland‹. Aber wir sind keine Russen! Ich spreche nur die Sprache, und ich will da nicht hingehen.« Als sie nur noch fünfzig Lat im Monat verdiente, »obwohl man allein für das Essen hundert braucht«, beantragten sie und ihre Familie die Einreise nach Deutschland.

»Jetzt leben wir in einem Einzimmer-Apartment in einem überfüllten Wohnheim mit siebenhundert weiteren Menschen in einem ostdeutschen Dorf. Damit kann ich fertig werden. Aber ich möchte unbedingt arbeiten, und wie ich schon sagte, ich habe dauernd Briefe losgeschickt.« Sie rang die Hände und sah mich beschwörend an. »Ich muß arbeiten. Ich arbeite immer. Und gestern war hier jemand aus Frankfurt, von einer Musikschule. Also bin ich auf mein Zimmer gerannt und habe meine Papiere geholt, um sie ihm zu geben.« Sie begann wieder ihre Hände zu ringen. »Vielleicht, vielleicht...« Ihr Sohn Dimitri kam und setzte sich neben sie.

»Aber ich bin sicher, daß wir uns richtig entschieden haben«, sagte sie und schaute ihn an, als wolle sie sich selbst davon überzeugen.

Später sagte Marian Perlmutter, der das Programm für die russischen Musiker leitete, Elena Dragiewa werde nur schwer mit der Situation fertig. Mit jeder Ablehnung steige ihr Blutdruck so sehr an, daß sie schon zweimal ins Krankenhaus mußte. »Ich hoffe, die Dinge entwickeln sich bald für sie«, sagte er, »aber Sie wissen ja, gut achtzig Prozent der russischen Neueinwanderer – und einige sind jetzt schon fünf Jahre oder länger hier – haben noch keine Arbeit gefunden.« Er verzog das Gesicht, und seine Augen streiften durch den Raum. »Naja, wenigstens für die Musiker ist es ein bißchen leichter. Nicht leicht. Aber leichter.«

Igor Epstein, ein gedrungener Geiger, in Litauen geboren, mit beweglichen Augenbrauen und einer Lederweste, hatte seine Zeit nicht damit verschwendet, Bewerbungen loszuschicken. Nach dem Essen saß ich in seinem Zimmer im ersten Stock, und er berichtete: »Ich kam vor vier Jahren nach Köln und ging einfach los und klingelte an vielen Türen. Ich bin ein verdammt guter Geiger, aber ein paar Tage hatte ich nichts als gekochte Nudeln und Ketchup und verdiente höchstens zehn Mark für pro Abend vor einer Handvoll Betrunkener. Jetzt esse ich besser«, er klopfte sich auf seinen nicht unbeträchtlichen Bauch, »und verdiene vierhundert Mark die Stunde in ein paar wirklich guten Lokalen.« Er gab mir eine ansprechende, farbige Broschüre mit seinem Photo auf dem Umschlag, die Geige unter dem Kinn. Auf der Rückseite stand: »Referenzen: Hotel Kempinski, Hyatt Regency, der Ball des Bundeskanzlers, Le Ball des Sports«. Auf den Innenseiten fand ich eine Liste seiner Auszeichnungen und Leistungen. Während er sprach, hatte er die Geige in der Hand und fragte mich, woher ich sei. Als ich sagte, aus Savannah, Georgia, begann er einen »Orange Blossom Special« zu spielen. Ich sagte: »Aber 1988 bin ich nach Ungarn umgezogen.« Er wechselte zu einer Zigeunermelodie über, und dabei fragte er: »Und Sie

Russische Jugendliche im Berliner Jüdischen Jugendclub. November 1995.

sind Jude?« Als ich nickte, ließ Igor Epsteins Geige »A jiddische Mame« hören, mit allem Schmalz, der dazugehört.

Musik anderer Art brachte mich im September 1995 in die neu renovierte Synagoge von Leipzig. Der Anlaß war Rosch ha-Schana, der schwermütige Beginn des jüdischen Neujahrs. Ich begrüßte Leo Adlerstein, den Vorsitzenden der Leipziger Gemeinde. Die Dinge hatten sich verändert, seit ich ihn 1988 kennenlernte und er sich um achtundzwanzig Juden kümmerte. Jetzt beherbergte die Umgegend mehr Mitglieder als er zählen wollte. Das Land Sachsen, inklusive Dresden, hatte Tausende jüdischer Familien in winzigen Apartments untergebracht, in ehemaligen Kasernen der ostdeutschen Armee, und in einigen Fällen, wie in Pfaffenschwende, in heruntergekommenen Wohnungen. Um den Leuten das Leben zu erleichtern, besorgte die ZWST Busse, um die weitverstreuten jüdischen Familien so oft wie möglich in die Gemeindezentren von Leipzig, Erfurt und Dresden zu bringen, besonders anläßlich der jüdischen Feiertage.

Leo Adlerstein, ein Überlebender von Buchenwald, war sichtlich gealtert, seit ich ihn 1992 zum letzten Mal gesehen hatte. Er wirkte krank und blaß, aber an jenem Septembermorgen mühte er sich langsam zum Altar der Synagoge und begann mit dem Gottesdienst. Alle Stühle waren besetzt – ich zählte ungefähr zweihundert Teilnehmer. Fast alle waren russische Juden, und ich sah niemanden während des Gottesdienstes singen. Im ganzen Raum gab es kein einziges Gebetbuch – weder auf hebräisch noch auf deutsch oder russisch. Diese Menschen waren in einem jüdischen Gottesdienst tatsächlich völlig verloren. Aber es herrschte Stille, und das hatte ich noch nie erlebt. Jeder wahrte ein ehrfürchtiges Schweigen; kein Kind war zu sehen. In der Synagoge in der Pestalozzistraße in Berlin krabbeln gewöhnlich die Kinder über die Bänke, balgen sich und rennen mit ihren kleinen Gebetsschals durch die Gänge und spielen Supermann. Sogar in der weitaus orthodoxeren Synagoge in der Joachimstaler Straße schlägt Rabbiner Weiß regelmäßig einen übergroß wirkenden Holzhammer auf das winzige Pult, wenn die Unruhe zu laut wird.

In Leipzig stand hinter dem Allerheiligsten ein kleiner Mann in Lederjacke. Es war Yossi Vardi. Auf seinen Schultern ruhte das russischsprachige Programm in den ehemaligen ostdeutschen Ländern. In Westrußland geboren, war er mit seiner Familie im Krieg nach China geflohen, zunächst nach Harbin, später nach Schanghai. Nach dem Kriege zogen sie nach Israel, und 1991 kam Yossi Vardi nach Berlin, um für seinen alten Freund Bennie Bloch, den Direktor der ZWST, zu arbeiten. Yossi, als energischer Verwalter bekannt, hatte ein großes Gebiet zu betreuen. Juden waren über Hunderte von Orten verstreut und die ehemaligen Gemeinden der DDR zeigten sich nicht besonders hilfsbereit.

Er schüttelte den Kopf, als habe er meine Gedanken gelesen. »Wissen Sie, vielleicht sind sie nicht besonders *frum*«, flüsterte er heiser, »aber immerhin geben wir ihnen das Gefühl, willkommen zu sein, und die meisten von ihnen waren noch nie in ihrem Leben, kein einziges Mal, in einer Synagoge. Wir haben es mit Leuten zu tun, die von ihrer Religion vollständig losgelöst sind – und das wird sich auch nicht über Nacht ändern.«

Seine Arbeit mit Russen nannte Yossi »Juden erschaffen«.

Dasselbe tat auch Monika Domaij-Gaul, die mich einige Tage nach Rosch ha-Schana bei meiner Ankunft mit dem glänzend weißen ICE in Kassel am Bahnhof begrüßte. Lächelnd verstaute sie meine Kameratasche auf dem Rücksitz, jagte dann ihren kleinen Opel über die Autobahn nach Norden und wandte sich schließlich nach Osten. Wir kamen an der Universitätsstadt Göttingen vorbei, durch wohlhabende, verschlafene Dörfer mit Fachwerkhäusern, und sie sprach über ihre Arbeit.

Monikas Eltern sind deutsche Juden. Sie hatten jahrzehntelang in Südamerika gelebt und kamen vor einigen Jahren nach Deutschland zurück. Nun arbeitete Monika als Lehrerin und Sozialarbeiterin an einem Gymnasium in Kassel und hatte erst vor kurzem die Arbeit für die ZWST aufgenommen. »Das gibt mir die Chance, über mein eigenes Judentum nachzudenken«, sagte die alleinerziehende Mutter, »und es gibt mir die Chance, mit den russischen Juden gemeinsam zu lernen. Sie haben weiß Gott noch einen langen Weg vor sich.«

Die Straße wand sich um grüne Hügel, wo Bäche durch Täler sprudelten und immergrüne Wäldchen die Landschaft übersäten. »Wir fahren in ein Dorf namens Mackenrode«, sagte Monika, »und es ist schrecklich abgelegen.

Ich begleite manchmal die Kinder der Emigranten zur Schule, und ich weiß, was die Eltern meinen, wenn sie sagen, daß sie alle ihre Hoffnungen auf ihre Kinder setzen. Diese Jugendlichen haben eine solche Energie, sie sind so entschlossen, Erfolg zu haben, man kann das richtig spüren. Sicher trifft man gelegentlich auch einen Teenager, der einfach nichts tun will, aber ich würde sagen, die Mehrheit will vorwärtskommen.« Sie drehte sich zu mir. »Ich glaube, da ist wirklich was dran an dieser jüdischen Liebe zur Bildung, meinen Sie nicht auch?« (Ich dachte an meine eigenen Universitätstage und war mir nicht so sicher…)

Irgendwo überquerten wir die ehemalige Grenze, aber keiner von uns beiden konnte sagen, wo genau sie verlaufen war. Ein bißchen weiter, in einem einsamen kleinen Tal, stand eine vierstöckige Kaserne der ehemaligen Grenzpolizei.

In einem Aufenthaltsraum im Erdgeschoß waren zwei lange Tische aus hellgelbem Furnierholz – ostdeutscher Standard – zusammengeschoben. Spitzenvorhänge aus Polyester hingen steif wie Stalaktiten vor den Fenstern, und um den Tisch saßen achtundzwanzig Menschen, im Alter zwischen fünf und sechzig Jahren; nur Teenager waren nicht zu sehen. Irgend jemand hatte einen großen Teller Krapfen gebacken. Der Dampf stieg von ihnen auf, ebenso wie aus den beiden Kannen Tee, die daneben standen. Vorne an der Tafel hatte Monika einige Worte aufgeschrieben, wie *Jom Kippur* und Fasten. Sie sprach englisch; ein Mann in den Dreißigern übersetzte für sie. Boris Press stammte aus Kiew, sein Englisch war perfekt, viel besser als sein Deutsch.

Heute ging es um *Jom Kippur* und seine Bedeutung. Daß dies der Tag des Jahres ist, an dem Juden für ihre Sünden büßen. Daß es der heiligste Tag des Jahres im jüdischen Kalender ist. »Ihr beginnt mit dem alten Gebet *Kol Nidre*, einer sehr berühmten Melodie«, sagte Monika.

»*Kol Nidre* ist ein Gebet, das von den Marranen kam, und mit diesem Gebet löst du dich von allen falschen Versprechungen oder Verpflichtungen, die du während des Jahres gemacht hast oder eingehen mußtest«. Sie wandte sich an Boris. »Entschuldigung, wissen Sie, wer die Marranen waren?«

Monika Domaij-Gaul unterrichtet die Bewohner einer Notunterkunft in Mackenrode über jüdische Sitten und Bräuche. September 1995.

Er nickte, dann ratterte er für die anderen eine Erklärung auf russisch herunter. Ich verstand den Namen Christoph Kolumbus. Alle am Tisch nickten verständnisinnig.

»Was hast du gerade gesagt?« fragte Monika.

»Ich sagte, was jeder weiß«, erklärte Boris. »Daß die Marranen Juden waren, die nach der Vertreibung in Spanien blieben und ihre Religion verbargen und zum Christentum übertraten, und daß Christoph Kolumbus ein Jude war, ein Marrane.«

Monika wirkte ein bißchen verblüfft. Alle strahlten sie an, als sei die Tatsache allgemein bekannt. Also fragte Monika mich: »Wissen Sie etwas darüber?«

»Sicher«, sagte ich. »Das kommt aus dem gleichen Buch, in dem auch steht, daß Shakespeare Jude war.«

Boris Press sagte: »Oh, und das war er nicht?«

Monika ließ die jüdische Entdeckung Amerikas wohlweislich unter den Tisch fallen und kehrte zu *Jom Kippur* zurück. Sie redete von der Bedeutung des Tages und gab anschauliche Beispiele und Geschichten. Schließlich erwähnte sie die *Notana Tokesh* und das Gebet, in dem es heißt, daß an diesem Tag das Buch des Jüngsten Gerichts eröffnet wird: an diesem Tag wird jedermanns Schicksal entschieden – wer leben und wer sterben soll, wer im Feuer und wer durch das Schwert umkommen soll, wer krank werden und wer wieder genesen soll.

Als sie zu Ende gesprochen hatte, war es ruhig im Raum.

Efim Kislenko, silberhaarig, war seit sechs Monaten in Deutschland. Er kam aus Schitomir in der Ukraine. »Werden wir an Jom Kippur in die Synagoge gehen können? Sie haben gerade gesagt, man darf nicht fahren. Soll das heißen, die ZWST wird keinen Bus für uns schicken?«

»Ich fürchte, so ist es. Es ist einfach nicht möglich an diesem Tag.«

»Entschuldigen Sie, wenn ich das so sage«, sagte Efim, »aber das ist nicht fair. Ich meine, Sie erzählen uns das alles, wir lernen – wirklich zum ersten Mal – wie wir Juden werden sollen, und dann hören wir, daß wir noch nicht einmal an diesem wichtigen Tag in die Synagoge können.« Er sah um sich; einige Köpfe nickten zustimmend.

Ida Weintraub, achtundsechzig Jahre alt und aus Kiew, sagte: »Ich habe eine Frage.« Sie wartete, bis ihr alle zuhörten. »Wie kommt es, daß wir Juden ...« Sie hielt inne, holte tief Luft und atmete wieder aus, »immer gehaßt werden? Ich frage Sie, Fräulein Monika. Sind wir solche Sünder? Haben wir etwas so Schreckliches getan, wovon ich nichts weiß, oder wissen wir es nicht besser als einfach jüdisch zu sein? Warum? Wir gehen zur *schul* – sie hassen uns. Wir gehen nicht zur *schul* – sie hassen uns trotzdem.« Sie schlug auf den Tisch, um ihren Worten Nachdruck zu verleihen. »Erklären Sie mir, warum man uns so haßt.«

Für einen kurzen Augenblick herrschte absolute Stille, und alle starrten einander mit aufgerissenen Augen an. Dann erfolgte eine Explosion von Worten, alle hatten etwas dazu zu sagen, Bekräftigungen, Erinnerungen, Beschwerden. Ebenso plötzlich herrschte wieder Stille, und sie wandten sich wieder Monika zu.

Monika Gaul zuckte die Achseln. Boris zuckte die Achseln.

Sinaiola Tschushmir aus Rußland hatte ihre achtjährige Tochter auf dem Schoß. Sie sagte ruhig: »Also, ich weiß nur, daß unsere Großeltern vieles wußten. Sie wußten alles über das Judentum, wie man als jüdische Familie lebt. Aber wegen des Kommunismus lernten wir nichts von ihnen. Jetzt ist diese Generation verschwunden, wir haben nichts gelernt, und jetzt sitzen wir hier.« Sie sprach mit erhobener Stimme und ihre Augen blitzten in die Runde. »Wir wissen nichts!

Und ich will wissen, okay, vielleicht ist es zu spät für mich, aber wer bringt meiner Tochter hier bei, eine gute Jüdin zu sein, weil es ja schließlich für sie nicht zu spät ist, nicht wahr? Monika«, sagte sie und nahm ihr Kind in den Arm, »gibt es ein bestimmtes Gebet, das du in deiner Synagoge sagen kannst, damit meine Tochter Jüdin wird?« Sie machte eine Hand frei, nahm ein Taschentuch und tupfte sich die Augen. Sie wirkte zutiefst traurig. Sie wirkte verloren.

Zuwanderer aus der GUS beim Deutschunterricht in Berlin. Juni 1992.

Es war für diese Menschen schmerzlich und enttäuschend, an Orten wie Mackenrode ihre Religion und ihre Wurzeln wiederzufinden. Wenn der Zentralrat und die ZWST auch versuchten, auf die verschiedenen Bundes- und Landesbehörden einzuwirken, damit die jüdischen Einwanderer in größere Städte geschickt wurden, so war doch nicht allzuviel möglich in einem Lande mit chronischer Wohnungsknappheit und explodierenden Grundstückspreisen. Diese Juden wurden in Deutschland aufgenommen und in ein umfassendes System der Sozialfürsorge integriert. Das, soviel mußte man zugeben, war schon großzügig. Aber viele von ihnen saßen in ehemaligen Kasernen und schuhkartongroßen Containern und hofften auf die Chance in größere Städte zu ziehen, um dort, zum ersten Mal in ihrem Leben, als Juden innerhalb einer jüdischen Gemeinde zu leben.

Nicht alle Gemeinden in den Städten rollten den roten Teppich zu ihrer Begrüßung aus, aber die meisten taten es. Michael Szentei-Heise, der Geschäftsführer der Düsseldorfer Gemeinde, führte mich in sein Büro. An einem Tisch vor einem kleinen Metallkasten sitzend, sagte er: »Hier fangen wir an.« Dann nahm er den russischen Paß eines Herrn Sznaijpermann aus einem Plastikhefter, hielt ihn in den Kasten und schaltete ein ultraviolettes Licht ein. Es war das gleiche Gerät, mit dem auch die Grenzpolizei an den Flughäfen Fälschungen aufdeckt. »Es tut mir leid, dies zu sagen, aber wir haben über hundert gefälschte Anträge gefunden – Russen, die als Juden nach Deutschland kamen. Ich meine, man muß damit rechnen, angesichts der dortigen Zustände. Genauso versuchen sie auch, in die USA zu kommen, deshalb ist das Gerät«, er schaltete es aus und tätschelte es, »unsere Versicherung.« Dann steckte er Sznajpermanns Dokumente wieder in den Hefter und lächelte: »Ein neues Gemeindemitglied. So koscher wie nur möglich.«

Im ersten Stock warteten mehrere Familien auf Gespräche mit den Sozialarbeitern. Bei ihrer Ankunft in Düsseldorf wurden die neuen Einwanderer in provisorische Unterkünfte gebracht, zu einer Reihe von Einführungsseminaren eingeladen, sie erhielten die Überweisungen zu Sprachschulen und dann die Adresse des Jüdischen Gemeindezentrums in der Zietenstraße.

Dort trafen sie zuerst auf Sonja Vengerova. In Moskau geboren, war sie vor sechs Jahren nach Deutschland gekommen. Sie half den Einwanderern, ihre Kinder im Jüdischen Kindergarten oder der Jüdischen Grundschule unterzubringen, und erklärte die verschiedenen Angebote der Gemeinde. Sie schlug ihnen auch vor, Plätze im Sommerlager der ZWST und bei Sportgruppen zu belegen.

Im nächsten Zimmer saß Melita Neumann, die den neuen Gemeindemitgliedern Hilfestellung bei der Integration in die deutsche Gesellschaft gab. Melita war vor zwanzig Jahren aus einem deutschsprachigen Dorf im sowjetischen Moldawien gekommen, wurde als Sozialarbeiterin ausgebildet und war fünf Jahre beim Roten Kreuz mit der Umsiedlung von Deutschen aus der ehemaligen Sowjetunion betraut. Sie wußte,

Russisch-jüdisches Ehepaar beim Renovieren der neuen Wohnung in Magdeburg. August 1992.

wer welche Probleme lösen konnte, sie kannte die hilfsbereiten Beamten und diejenigen, die es zu meiden galt. An drei Nachmittagen in der Woche besuchte Melita die Heime und Wohnungen, wo die Neuankömmlinge lebten, half ihnen bei alltäglichen Erledigungen – vom Beantragen von Zahnersatz bis zum Ausfüllen von Bankformularen – und gab Ratschläge wie man zusätzlichen Sprachunterricht bekam und Wohnungen suchte.

Im Mai 1996 verabredeten Melita und Sonja für mich ein Treffen mit Igor Raskin und seiner Frau Nina Kovarskaja. Ninas Vater kam aus einem Schtetl in der Ukraine und hatte als einer der wenigen seiner Familie den Holocaust überlebt. Entschlossen, sein Judentum aufzugeben, heiratete er eine nicht-jüdische Frau und erzog seine Tochter nicht im jüdischen Glauben. »Es half nichts«, sagte Nina. »In den Augen aller anderen waren wir Juden.«

Nina, eine Englischlehrerin, traf 1983 den Ingenieur Igor Raskin. Sie heirateten im Jahr darauf und ließen sich in Moskau nieder. Seine Eltern kamen aus Schtetls in Weißrußland. »Mein Name hat mich von Anfang an als Juden gekennzeichnet«, sagte Igor. »Nach der Geburt unserer Kinder, Stanislaw 1985 und Irina 1988, wurde Nina und mir klar, daß wir sie als Juden erziehen wollten. Meine Schwester lebte bereits in Düsseldorf, deshalb beschlossen wir, es zu versuchen.« Am 27. September 1994 kamen sie an.

Igor und Nina gingen zur Jüdischen Gemeinde und legten ihre Papiere vor. Man sagte Nina, weil ihre Mutter keine Jüdin gewesen war, könne auch sie nicht als Jüdin gelten. Nina war wie vor den Kopf geschlagen. »In Rußland hatte man mich seit meiner Heirat stets für eine Jüdin gehalten und dementsprechend schlecht behandelt«, sagte sie, »und jetzt sagte man mir, ich sei gar keine. Deshalb fragte ich, ob ich konvertieren könne, und ob es möglich sei, daß unsere Kinder der Jüdischen Gemeinde angehören. Sie sagten ja, und deshalb bin ich sehr glücklich.«

Brucha Bubis besucht das Büro von Melita Neumann im Jüdischen Gemeindezentrum Düsseldorf. Mai 1996.

Nina setzte sich auf ihrem Stuhl zurecht. »Irina geht jetzt in die Itzhak-Rabin-Grundschule, sie ist in der ersten Klasse, und gleich am ersten Tag, nach der Schule, kam sie in die Wohnung gerannt und rief ›Schalom‹! Können Sie sich das vorstellen?« »Sie wächst völlig normal auf – als jüdisches Kind. Sie lernt hebräische Gebete, sie kommt gut in der Schule zurecht, und sie bringt uns bei, als Juden zu leben. Sie bringt die ganze *Jiddishkeit* nach Hause.« Nina Raskin schwieg einen Augenblick, dann sagte sie langsam und ruhig, als erprobe sie diesen Begriff: »Unsere Tochter ist stolz, Jüdin zu sein.«

Nicht lange, nachdem ihr Sohn Stanislaw in die Evangelische Schule aufgenommen wurde (»wo sie wissen, daß er Jude ist, und sensibel damit umgehen«, sagte Nina), wurde er krank, und die Ärzte diagnostizierten Diabetes. »Das war ein Schock für uns, und es bedeutet, daß wir jetzt alles anders sehen müssen. Stanislaw ist so aktiv und er verbraucht so viel Energie, daß wir uns Sorgen machen. Im Hort könnten sie gar nicht netter sein. Sie kochen jeden Tag etwas Besonderes für ihn.« Nina schüttelte den Kopf. »Aber es bedeutet, daß wir ihn nicht in die Sonntagsschule in der Jüdischen Gemeinde schicken können, weil er zu Hause ausruhen muß.«

Nina und Igor suchen nach Arbeit. »Aber es ist so schwierig. Meine Übersetzer- und Lehrerdiplome sind wertlos geworden. Was man auch tun will, man braucht ein Papier, daß man dafür qualifiziert ist. Und es dauert Jahre, bis man es bekommt. Und die Fürsorge in Anspruch zu nehmen ist so demütigend. Aber Igor und ich müssen damit fertig werden. Es ist schwer zu akzeptieren, daß unser Berufsleben zu Ende ist. Wir haben alles durchgesprochen, und wir haben entschieden, daß ich noch etwas bessere Chancen habe als Igor. Ich habe mich bei einer Sprachschule für Fortgeschrittene eingeschrieben, und ich werde mit dem Zug nach Dortmund fahren müssen, während Igor daheim bei den Kindern bleibt. Ich habe erst vor kurzem begriffen, wie gering meine Chancen sind, Arbeit zu finden. Aber ich will es einfach nicht akzeptieren. Ich werde diese Sprache lernen, und ich werde eine Arbeit finden.«

Nina schaute auf die Uhr, dann sagte sie etwas zu Igor. »Entschuldigen Sie, aber Irina kommt bald aus der Schule. Eins muß ich Ihnen noch erzählen. Gestern stand sie bei mir in der Küche und nannte mir eine ganze Liste von Dingen, ohne die wir jetzt auskommen müssen – Essen, meine ich.« Sie wirkte stolz. »Unsere Tochter macht uns zu Juden.«

Wie viele von den etwa zwanzigtausend Einwanderern, die in den letzten Jahren nach Deutschland gekommen sind, wollen wie die Raskins Juden werden? Schätzungen gehen von 15 bis 20 Prozent aus, nicht mehr.

»Aber sehen Sie sich Dortmund an«, sagte mir eines Abends im Juni 1996 Hans Frankenthal, ein Überlebender aus Auschwitz, nach dem Freitagabend-Gottesdienst. Der Saal war mit fünfzig Teenagern gefüllt. »In dieser Gegend leben jetzt etwa zweitausend Russen. Wenn davon zehn Prozent zu uns kommen, nur zehn Prozent, dann haben wir Freitagabends zweihundert Juden beim Gottesdienst. Und die passen kaum rein!«

Schauspielerin aus St. Petersburg nach ihrer Immigration in einem Frankfurter Hotelzimmer. Juni 1992.

Robbie, fünfzehn Jahre alt, rothaarig und athletisch, sagte: »Wir haben in unserem Jugendzentrum jetzt fünfzig Kinder – fünfzig!« Als ich fragte, wie viele ohne die Russen da sein würden, warf er den Kopf zurück und lachte. »Maximum?« fragte er zurück.

»Maximum«, antwortete ich.

»Fünf, mit mir.«

Die Aufgabe, Kinder in Juden zu verwandeln, obliegt nicht nur den Gemeinden, sondern auch der ZWST. Und die ZWST übergab diese Aufgabe an Deni Kranz. Deni war 1965 von israelischen Eltern in Köln geboren worden. Im gleichen Jahr kehrten sie nach Israel zurück, kamen aber wieder, als er fünf war. In Frankfurt arbeitete sein Vater für die Jewish Agency und seine Mutter lehrte in der Jüdischen Schule. Deni wuchs vollständig innerhalb der Jüdischen Gemeinde auf; als er sechzehn Jahre alt war, wurde er zu einem der Berater oder *madrachim* der ZWST.

Tirza Hodes mit jungen Zuwanderern beim Einüben jüdischer Volkstänze in Berlin, November 1995.

Entsprechend seinen pädagogischen Interessen arbeitete Deni an Jugendprogrammen der ZWST mit, während er seinen Magisterabschluß machte. 1994 begann er mit seiner Doktorarbeit und wurde von der ZWST ganztags angestellt. »Ich beschloß, meine Doktorarbeit über die Aufnahme äthiopischer Juden in Israel zu schreiben, weil ich das faszinierend fand, wie Außenseiter, die nicht zur Gesellschaft passen, integriert werden. Aber 1995 änderte ich das Thema – jetzt behandle ich die Integration russischer Juden in Deutschland. Ich meine, so wie ich das sehe«, sagte er traurig, »haben wir hier unsere eigenen Äthiopier – Außenseiter, nicht willkommen. Und glauben Sie mir, nicht alle Gemeinden sind so hilfsbereit. Ich schicke Angebote für Seminare herum, aber wenn ich nachhake, sagen sie mir, von ihren russischen Juden sei keiner interessiert. Wissen Sie, wie ich das nenne? Blödsinn.«

Deni Kranz meinte, der Aufenthalt in den Gemeindezentren, die Teilnahme an Seminaren und Vorträgen, Fahrten nach Sobernheim und zu Synagogen und Reisen nach Israel hätten neue Juden hervorgebracht. Er sagte, er könne mir das beweisen und lud mich zu einem Wochenendseminar in Berlin im November 1995 ein. Er erwartete sechzig Jugendliche, die Hälfte von ihnen Neueinwanderer.

Es war ein typischer Novemberabend in Berlin. Obwohl es nicht geregnet hatte, schienen die Pflastersteine des alten jüdischen Viertels feucht, die nackten Bäume glänzten, und der hartnäckige Nebel, der den ganzen Tag über der Stadt gelegen hatte, wollte sich einfach nicht auflösen. Im Gemeindezentrum in der Oranienburger Straße leitete Deni einen Freitagabendgottesdienst vor einem überfüllten Raum voller Teenager. Er und zwei Jungen führten den Gottesdienst durch, und als er zu Ende war, gingen alle hinüber in die Halle und in den privaten Speisesaal des Café Oren, wo ein Buffett im israelischen Stil für sie aufgebaut worden war: Humus und Falafel, Auberginen-Salat und Taboule und Pita. Der siebzehnjährige Viktor, aus einer Kleinstadt in der Nähe von Kiew, stand mit dem Teller in der Hand da, die Gabel auf das Buffett gerichtet, und wußte nicht, was er tun sollte. »Mein Gott«, sagte die achtzehnjährige Jana aus Riga, als sie neben ihm stand und das fremd wirkende Essen betrachtete. Beide waren noch keine sechs Monate in Deutschland und waren an diesem Wochenende aus Pfaffenschwende nach Berlin gekommen. Die anderen Neuankömmlinge waren ebenso verwirrt, aber der Hunger verleitete sie zu Experimenten.

Als das letzte Falafel in Pita gepackt und verzehrt war, als alles Geschirr abgeräumt war, stellte Deni der Gruppe zwei Israelis vor, die an diesem Wochenende mit ihnen arbeiten würden. Der eine war Moshe, ein jovialer, weißhaariger Mann. Er sollte ihnen israelische Lieder beibringen und sie auf seinem Akkordeon begleiten. Tirza, eine strahlende Siebzigjährige, die ursprünglich aus Düsseldorf kam, würde ihnen israelische Volkstänze nahebringen.

Umgeben von neu angekommenen Jugendlichen aus Rußland zelebriert Deni Kranz eine Hawdala-Feier zum Ende des jüdischen Sabbats. Berlin, November 1995.

Deni Kranz überschaute den Raum, lächelte und sagte: »Wißt Ihr, da gab es einmal – und ich weiß nicht, ob Ihr euch daran erinnern könnt«, und dann sagte er, sehr deutlich artikulierend: »diese große lange Mauer«. Alles kicherte. Er lächelte und fuhr fort. »Jetzt steht sie nicht mehr. Und direkt danach fielen mir bei unseren Veranstaltungen neue Gesichter auf. Und heute abend sehe ich ein paar von den Gesichtern, die ich vor über fünf Jahren zum ersten Mal sah. Und ich freue mich, weil ich jetzt auch einige Gesichter sehe, die ich zum ersten Mal vor fünf Minuten gesehen habe. Also wollen wir an diesem Wochenende damit beginnen, über diejenigen unter uns zu reden, die am längsten hier sind, weil wir manchmal an etwas erinnert werden müssen.« Deni erhob ein wenig seine Stimme, und was er sagte, reflektierte sich in den Gesichtern aller, die um den Tisch herumsaßen. »Wir müssen uns erinnern, wie wenige Freunde *wir* hatten, als wir zuerst nach Berlin kamen. Wie wenig wir über das Judentum wußten, über *Jiddischsein.*« Seine Stimme wurde weicher. »Aber wir arbeiteten zusammen. Moshe hier kam aus Israel und brachte uns Lieder bei. Tirza kam, und wir lernten tanzen. Andere lehrten uns Hebräisch, Religion und Tradition und – wißt Ihr was? Jetzt wissen wir wirklich, wie wir Juden sein können. Und ich muß sagen: Das ist gar nicht schlecht.

Aber jetzt kommen immer neue Einwanderer hinzu. Und da sind wir nun, gerade erst in diesem großen, reichen, verwirrenden Land angekommen, wo wir Außenseiter sind, Ausländer, und«, er hob die Hand und zählte an den Fingern ab, »wir haben keine Wohnungen, und wir haben keine Autos, und wir können noch nicht gut deutsch, und wir sind gerade wieder dort, wo wir vor fünf Jahren waren.

Nun sage ich nicht, daß jeder, der schon ein paar Jahre hier ist, jeden neuen Einwanderer durch jede Schwierigkeit und jede Verwirrung führen soll, nein. Ich sage nur, daß es für diejenigen unter uns, die mehr wissen, ein gutes Gefühl sein sollte, einem Neuen zu helfen. Es sollte ein gutes Gefühl sein, *menchlichim* zu sein (eine Deni-Kranz-Wortschöpfung aus deutsch, jiddisch und hebräisch) und deshalb will ich an uns alle, die wir ein Jahr hier sind, oder zwei Jahre oder fünf Jahre, appellieren: Wir wollen einander helfen. Schließlich sind wir alle Juden, und das bedeutet, daß jeder von uns weiß, was es heißt, ein Flüchtling zu sein. Denn, meine Freunde, so ist es für Juden lange, lange Zeit gewesen.«

Von da an bis zum Sonntag abend, bei Bagels und Lachs, Kaffee und Kuchen, Babaganoush und einem weiteren Berg Falafel, tanzten dreißig neu angekommene Teenager mit Tirza, sie sangen mit Moshe, hörten Deni zu, argumentierten und diskutierten mit ihm. Am Samstagmorgen gingen zwanzig hinter Yossi Vardi zur Synagoge. »Dieser Viktor, er stand so dicht neben mir, daß er fast auf mir drauf stand«, sagte Yossi später lächelnd. »Der Mund stand ihm so weit offen, daß ich mein Auto drin hätte parken können. Und wissen Sie was, auf dem Rückweg hierher stellte er mir so viele Fragen und fragte immer weiter, ›wann kann ich wiederkommen, wann kann ich in eine richtige Gemeinde wie diese?‹«

Während einer Pause saß ich mit drei Mädchen zusammen. Gena war siebzehn, aus Dnjepropetrowsk und seit fünf Jahren in Deutschland. Ihr Vater hatte bereits Arbeit als Schuhmacher und ihre Mutter eine Stelle im Büro. Gena saß neben Veronika, achtzehn Jahre, aus Lwow. Auch ihre Eltern arbeiteten beide – ihr Vater war Polier auf dem Bau, ihre Mutter Architektin. Julia, achtzehn, war seit 1991 in Berlin. Sie kam aus Moskau und stand vor ihrem Abitur. Ihre Eltern

Neu eingetroffene Moskauer Familie in einer Notunterkunft in Eisleben. Juli 1992.

Chanukka-Tanzabend beim Jüdischen Kulturverein Berlin. Dezember 1994.

arbeiteten ebenfalls. »Meine Mutter ist Musiklehrerin, mein Vater ist Basketballschiedsrichter, und ich will Volkswirtschaft studieren«, sagte sie.

Alle drei Mädchen betreuten zweimal die Woche als *madrachim* im Gemeindezentrum Oranienburger Straße die Neun- und Zehnjährigen, und da inzwischen klar war, daß sie eifrig an Gemeindeangelegenheiten teilnahmen, fragte ich sie, wieviel sie vor ihrer Auswanderung mit jüdischem Leben zu tun gehabt hatten. Alle drei lachten. »Ich werde Ihnen sagen, was ich in Moskau darüber wußte«, sagte Julia. »Ich wußte, daß ich Jüdin war, und meine Eltern auch. Und das war meine ganze jüdische Erfahrung, bevor ich nach Berlin kam.«

»Und ihr anderen, war das bei euch auch so?«

Kopfnicken.

In wenigen Jahren, während sie eine neue Sprache lernten und sich in einer neuen Gesellschaft zurechtfanden, hatten diese drei Mädchen vier Generationen des Atheismus in ihren Familien wegwischen können. Deni Kranz hatte sein Wort gehalten. Zu schade, daß er noch allein war.

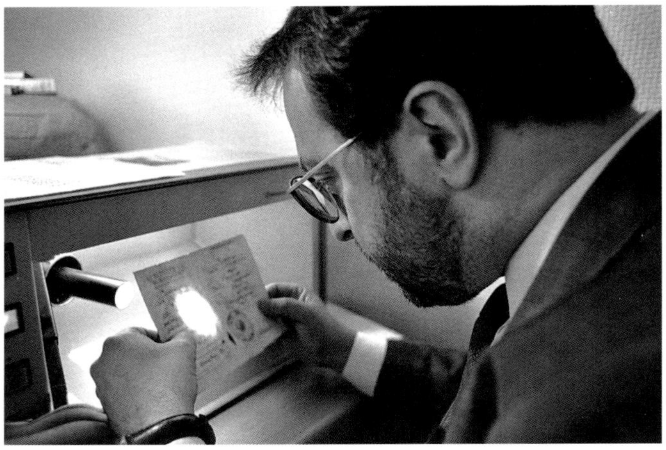

Michael Szentei-Heise, Leiter des Jüdischen Gemeindezentrums Düsseldorf, prüft die Papiere eines Übersiedlers aus Rußland. Mit Hilfe dieses UV-Geräts wurden bereits mehr als 100 Fälschungen aufgedeckt. Mai 1996.

Neu eingetroffener Zuwanderer aus der GUS an einem Schalter in München. August 1992.

Junj Marchowsky aus Kiew ist mit seinen Enkeln Ilia und Michael in Köln angekommen. Juni 1992.

Wir verloren unsere Kindheit.
Wir verloren unsere Heimat

Wenn man in die Westpfalz kommt, in die tief eingeschnittenen Flußtäler, wo das Wetter mild ist und die Weinberge die Hügel grün umkränzen, findet man, eng beisammen an der Mosel, drei hübsche Weindörfer: Alf, Bullay und Zell. Hier drängen sich weiß getünchte Häuser mit schwarzen Schieferdächern um kopfsteingepflasterte Plätze. Weinkeller bieten derbe Gerichte aus der Region, und an Herbstnachmittagen sind die lautesten Geräusche das Entkorken von Flaschen und das Klingen der Gläser. Erna Dorn (geborene Kaufmann) und ihre Cousine Gerda Gardner (ebenfalls eine geborene Kaufmann) stammen aus einem dieser Dörfer: Alf. Walter Kahn und sein Bruder Ernst wuchsen jenseits des Flusses in Bullay auf, und flußabwärts, in Zell, wurden Fritz Bender und seine Schwester Martha geboren. Lee Kahns Familie (die Adlers) kam ebenfalls aus Zell, aber die Kahns zogen kurz vor Lees Geburt nach Köln. Diesen sieben Menschen begegnete ich im September 1995. Von anderen Moselanern unterschied sie, daß sie vor sechzig Jahren von Schulen und Arbeitsplätzen geworfen und aus dem Land getrieben worden waren. Sie ließen Familienangehörige zurück, die von Nachbarn abtransportiert und im Namen Deutschlands ermordet wurden. Keiner dieser sieben kam nach dem Krieg zurück, um hier zu leben. Sie ließen sich in Kanada, Israel und den Vereinigten Staaten nieder. Nun waren diese ehemaligen Bürger von Alf, Bullay und Zell als offiziell geladene Gäste in ihre alte Heimat gereist.

Während ihrer Woche an der Mosel wohnten die meisten von ihnen im Haus Waldfrieden, einer altmodischen Pension auf einem mit Reben bepflanzten Hügel, der eine Biegung des Flusses überschaut. Sie gehört Dr. Ulrich Stein, einem Biologen um die vierzig, der Winzer geworden ist. Ulli, wie ihn seine Gäste freundschaftlich nannten, stand jeden Morgen früh auf, und nachdem er gefrühstückt hatte, zog er seine kniehohen Gummistiefel an und wanderte durch seine geliebten Weinberge. Walter Kahn, fünfundachtzig Jahre alt, trank auf der Terrasse seinen Kaffee und sah ihm zu.

Jeden Morgen trafen Walter und ich uns beim Frühstück, und wenn die Sonne den Morgennebel vertrieb, schwarze und weiße Kähne die Mosel Richtung Koblenz hinunterfuhren, hing Walter seinen Erinnerungen nach. Sein Bruder Ernst setzte sich häufig zu uns, und gemeinsam rekonstruierten sie ihre Familiengeschichte – eine Geschichte, die hier begann, als Napoleon über das westliche Deutschland herrschte, und die einhundertfünfzig Jahre später, kurz bevor Hitlers Truppen in Frankreich einmarschierten, zu Ende ging.

Von ihrem Ururgroßvater Josef Sondheimer wußten Ernst und Walter nur, daß er Anfang des neunzehnten Jahrhunderts aus dem benachbarten Kreis Düren ins Tal gekommen war. Er ließ sich in Zell nieder, heiratete Ris Reis und war in neuerer Zeit der erste Jude, der auf dem jüdischen Friedhof von Bullay, ein paar Kilometer flußabwärts, begraben wurde. Sein Grabstein, inzwischen verwittert und kaum noch lesbar, gibt als Jahreszahl 1831 an und liegt dicht am Zaun, als wolle er zum Fluß hinunter lugen.

Als Josef und Ris in Zell lebten, gab es in keinem der drei Dörfer eine Synagoge oder eine organisierte Jüdische Gemeinde. Aber ihr Sohn Moses (geboren 1811), der später Weinstöcke an Winzer verkaufte und manchmal mit Vieh und Häuten handelte, erlebte

Walter Kahn mit Marie. September 1995.

1848 den Bau einer winzigen Synagoge in Zell. Damals lebten in Zell und Bullay fast fünfzig Juden.

Moses' Sohn Adam wurde im ereignisreichen Jahr 1848 geboren. Im Westen brachten Unruhen einen weiteren Napoleon an die Macht. Auch in den deutschen Staaten und Fürstentümern wurden bei Aufständen und Unruhen demokratische Reformen gefordert. Doch die Mächte der Reaktion und des Konservatismus zerschlugen diese Bestrebungen bald wieder. Als Adam heranwuchs, schmiedete eine Zollunion engere Bindungen zwischen den deutschen Staaten, und als er 1866 siebzehn Jahre alt wurde, erlebte er voller Ehrfurcht mit, wie der preußische Kanzler Bismarck im Kampf um die Hegemonie in Deutschland den österreichischen Kaiser besiegte. Vier Jahre später zog Adam Sondheimer selbst die Uniform an und ging in den Krieg gegen Frankreich. Als Feldwebel kehrte er nach Hause zurück. Die deutschen Staaten waren nun zu einem Einheitsstaat vereinigt, der von Preußens Hohenzollern und Bismarck regiert wurde. Seitdem marschierte jedes Jahr ein stolzer und entschieden patriotischer Adam Sondheimer in seiner sauber gebügelten alten Uniform bei der jährlichen Parade der Veteranen durch Zell und Bullay. Als er 1873 ein Bekleidungsgeschäft eröffnete, setzte er eine Anzeige in die Lokalzeitung, daß »der Kriegsteilnehmer Adam Sondheimer alle alten und neuen Freunde in seinem Weißwarengeschäft begrüßt«. Einige Jahre später heiratete er Babette Thormann. 1884 wurde ihre Tochter Emma geboren. Weil die jüdischen Gemeinden an der Mosel so klein waren, fanden Feiern und Festlichkeiten an zentralen Orten statt, damit junge Juden andere Juden treffen, umwerben und heiraten konnten. 1905 besuchte Emma einen Purim-Ball in Bad Bertrich und tanzte dort mit Julius Kahn, der aus einer Familie von Viehhändlern in Empken, gerade jenseits der Berge, kam. Bald darauf heirateten sie, und Julius zog nach Zell.

»Er war ein kreativer Mann, mein Vater«, sagte Walter, als er Ulli zusah, wie er auf dem Hügel die Weinstöcke beschnitt. »Er konnte genug Geld zusammenbringen, um uns ein neues Haus in Bullay zu bauen. Er war Fleischer, deshalb baute er einen Laden an der Straße, und wir wohnten darüber. Hinten im Hof errichtete er ein Schlachthaus und eine kleine Wurstfabrik – Kessel, Dampfkocher, all das. Bald kamen wir Kinder zur Welt – Hans wurde 1907 geboren, ich 1910 und Ernst drei Jahre später.«

Im folgenden Sommer wurde der österreichische Erzherzog in Sarajevo erschossen, und sieben Wochen darauf befand sich Europa im Krieg. Adam Sondheimer, inzwischen sechsundsechzig Jahre alt, muß stolz gewesen sein, als sein Schwiegersohn sich zur Armee des Kaisers meldete. Julius Kahn bekam bei einer der ersten Offensiven an der Ostfront eine Kugel in die Schulter. Er erhielt das Eiserne Kreuz II. Klasse, und nach einigen Wochen in einem Feldlazarett in Riga wurde er zur Erholung nach Hause geschickt. Er war begierig, an die Front zurückzukehren; 1915 kam er nach Frankreich. Noch zweimal wurde er leicht verwundet und erhielt 1917 das Eiserne Kreuz I. Klasse. Im September 1918 erreichte Emma Kahn die Nachricht, ihr Mann sei schwer verwundet und liege in Straßburg in einem Feldlazarett. Sie ließ die Kinder bei ihrer Mutter und fuhr sofort los. Die Ärzte gaben ihm Urlaub, und Emma brachte Julius heim. Unter den besorgten Augen seiner drei Söhne und seines Schwiegervaters pflegte sie ihn gesund. Aber als der Herbst und mit ihm die ersten kalten Oktoberwinde das Moseltal herabkamen, kollabierten seine Lungen, und Julius Kahn erlag einer Lungenentzündung. Adam Sondheimer folgte dem Sarg den Hügel hinauf, vorbei an den Nachbarn, die vor ihren Häusern standen, um ihm die letzte Ehre zu erweisen. Adam begrub ihn nicht weit vom Grab seines eigenen Großvaters.

Ein paar Wochen später dankte der Kaiser ab, und am 9. November wurde in Deutschland die Republik ausgerufen. Aber niemand nahm die Bilder des Kaisers oder Bismarcks ab, die Julius, kurz bevor er in den Krieg zog, aufgehängt hatte.

Adam verkaufte seinen Laden in Zell und fuhr nun täglich nach Bullay, um im Fleischerladen zu arbeiten. Er erstand Pferd und Wagen und besuchte jede Woche die Höfe im Hunsrück, wo er mit den Bauern handelte und Kälber und Kühe kaufte.

Adam Sondheimer machte sich große Sorgen um die Familie. Deutschland war in jenen Tagen der politischen Instabilität und wilden Inflation kaum wiederzuerkennen. Er fühlte sich erleichtert, als 1925 General Hindenburg zum Präsidenten der Republik gewählt wurde. Einigen mochte Hindenburg als Relikt mit unverdientem militärischen Ruf gelten, aber für viele Deutsche bedeutete er Stabilität, und Adam Sondheimer hängte das Bild des Generals in der Wohnung seiner Tochter auf, neben den anderen Bildern.

Blick vom Haus Waldfrieden auf das Moseltal. September 1995.

Ein paar Monate später starb er im Alter von siebenundsiebzig Jahren.

Ernst sagte: »Meine Mutter mußte sich nun allein um alles kümmern. Sie können sich vorstellen, wie das war mit drei kleinen Jungen, aber wir halfen alle mit, auch als sie Walter aufs Gymnasium nach Empken schickte, wo er bei unserer Großmutter wohnte. Meine Mutter stellte Leute aus dem Dorf an, und außerdem kam noch ein Vetter. Im Laden arbeiteten fünf oder sechs Menschen.

Damals, als ich in der Volksschule war, hatten wir ein schönes Leben. Es gab keine Unterschiede zwischen Juden und Nicht-Juden – nicht in einem so kleinen Ort. Hier hatte niemand viel Geld; die Leute waren eher verschuldet, und in Bullay, einem Eisenbahnknotenpunkt, arbeitete der halbe Ort für die Eisenbahn oder das Postamt. Walter weiß sogar noch, wann die Elektrizität in den Ort kam, irgendwann um den Ersten Weltkrieg.«

Walter lächelte. Ernst fuhr fort: »Wenn es im Ort eine Geburt gab, kochte meine Mutter einen großen Topf Fleischbrühe, und wir mußten ihn hinbringen. An Wochenenden machten wir lange Wanderungen, die hier oben in Haus Waldfrieden endeten, wo wir zur Musik eines aufgezogenen Plattenspielers tanzten. Für unsere jüdischen Lektionen hatten wir *den Lehrer*, wie wir ihn nannten, Herrn Kornfeld aus Budapest. Der war noch ärmer als wir, und so fuhr er moselauf und moselab, von einer jüdischen Familie zur nächsten, blieb eine Woche, brachte den Kindern

Hebräisch bei und half ihnen bei ihren Bar Mizwa Lektionen. Dann zog er zur nächsten Familie.

Unsere Nachbarn, die Stadtfeldts, gingen bei uns ein und aus und ich bei ihnen ebenso. Übrigens, die drei Schwestern dort, Erna, Hilde und Eleonor, waren gute Schülerinnen, ihr Bruder Hermann war dagegen mehr an Sport und Arbeit interessiert.« Ernst beugte sich zu mir herüber und flüsterte: »Das brauchen Sie den Stadtfeldts nicht zu erzählen, aber ich machte immer die Hausaufgaben für Hermann. Er war nie besonders gut in der Schule.« Aber obwohl Ernst der einzige jüdische Schüler in der Schule war, sagte er, er habe niemals einen Unterschied gemerkt. »Sehen Sie«, sagte er seufzend, »wir kamen fast alle miteinander aus. Vielleicht war das etwas Besonderes, vielleicht auch nicht. Ich wußte nur, daß es in unserer Stadt, mit ihren tausend Einwohnern und zwanzig Juden, gar nicht so schwer war, zu seinen Nachbarn nett zu sein.« All das änderte sich, als Ernst nach der Schule im nahegelegenen Wittlich mit seinen 7000 Einwohnern zu arbeiten begann.

Hier gab es eine Gemeinde von etwa zweihundertsiebzig Juden und eine schöne steinerne Synagoge. Das war keine Hütte, die an das »Schloß« einer reichen Familie angeklebt war wie in Zell, sondern ein elegantes neoromanisches Gebäude, wo die Juden Wittlichs an Hohen Feiertagen mit Zylinder und Schwalbenschwanz erschienen. An Wittlichs Hauptplatz lagen mehrere Geschäfte, die Juden gehörten. Walter und Ernst arbeiteten beide in dem Städtchen. Sie waren Mitglieder in jüdischen Clubs und gingen zu jüdischen Tanzveranstaltungen. Walter, der drei Jahre in Berlin gelebt hatte, war einige Monate vor Ernst nach Wittlich gezogen. Er führte seinen jüngeren Bruder herum, erzählte ihm von den Geschehnissen in der ehrfurchtgebietenden Hauptstadt und fütterte ihn mit Berliner Geschichten – von Bootsfahrten mit schönen Mädchen auf dem Wannsee, von den Kabaretts und Kaffeehäusern und der neuen Musik. Aber Walter wußte noch etwas zu berichten. »Kurz bevor ich Berlin verließ, ging ich zu einer geheimen Vorstellung von ›Im Westen nichts Neues‹. Der Film war von der Regierung verboten, und der Saal war natürlich überfüllt. Auf der Bühne sprach vorher Clara Zetkin, eine damals sehr wichtige sozialistische Führerin. Sie war eine feurige Rednerin und sprach darüber, daß Deutschland einen Revanchekrieg plane, der ganz Europa zugrunderichten werde. Sie sprach so überzeugend, daß ich ganz erschüttert war. An diesem Abend sah ich die Schrift an der Wand. Und das war 1931.«

Auf Wittlichs Straßen nahm die Zahl der Schläger in Braunhemden zu, und sobald die Regierungsgewalt in den Händen der Nazis war, beherrschten sie die Straßen, sangen antisemitische Lieder und zerschlugen die Schaufenster jüdischer Geschäfte. Die Juden Wittlichs sprachen davon, Deutschland zu verlassen, und die Kahn-Jungen kehrten in die relative Ruhe Bullays zurück. Hans und Walter gingen 1935 nach Amerika, Ernst blieb jedoch mit seiner Mutter zurück. »Wir mußten bleiben. Drüben in Empken mußten wir uns um die Mutter meines Vaters kümmern, und meine eigene Mutter wollte nicht gehen, solange es nicht unbedingt nötig war.«

Nach der Machtübernahme der Nationalsozialisten schränkten Gesetze die Rechte der Juden ein, und die Kunden blieben aus. »Wir mußten unsere Fleischer entlassen und die Wurstfabrik schließen. Später konnten wir überhaupt niemand mehr beschäftigen, so daß der Laden sich nicht mehr trug.« Ernst begann über Land zu fahren und bei den Bauern im Hunsrück mit Textilien zu handeln.

»Alle waren freundlich, ich hatte nie Probleme. Manche Freunde ließen uns nie im Stich – wie Paul Kretz. Wir beide waren immer zusammen, wissen Sie, gingen zusammen zum Fußballspielen, trieben Sport. Er kam uns auch weiterhin besuchen, und er tat es in aller Öffentlichkeit, weil er die Nazis haßte. 1945 desertierte er aus der Wehrmacht und lebte bis zum Kriegsende in den Wäldern. Ich war schon in Amerika, und in den ersten Jahren nach dem Krieg schickte ich ihm Lebensmittelpakete.« Ernst lächelte und schüttelte den Kopf. »Weil ich Paul kannte, war ich überhaupt nicht überrascht, daß er das tat.« Er biß auf seine Lippe. »Er starb aber schon 1958, und ich habe ihn nie wiedergesehen.

1937 nahmen sie uns alle unsere offiziellen Papiere weg, und wir konnten nicht mehr arbeiten – Punkt. Also lud ich die Geräte aus der Wurstfabrik auf Wagen und Lastwagen – die Kessel, die Kompressoren, all das – und fuhr jeden Tag spät abends los. Irgendwie habe ich es im Laufe der Zeit geschafft, alles zu verkaufen. Ich bin sicher, daß der Polizeichef von Bullay, Herr Höfer, Bescheid wußte, aber er sagte nie etwas. Als er in den zwanziger Jahren nach Bullay zog, hatte er über ein Jahr ohne seine Familie leben müssen, und damals bekam er schließlich jeden Abend bei meiner Mutter zu essen.«

Während sich frühere Freunde nun von Bullays zwanzig Juden mehr und mehr fernhielten, kam jeden Abend ein junges Mädchen namens Marie, um in der Wohnung der Kahns auszuhelfen. »Sie war ein uneheliches Kind, und alle in der Stadt verachteten sie – außer meiner Mutter«, sagte Walter. »Sie war immer nett zu Marie, und als sich alle anderen von uns abwendeten, kam Marie zu uns, um beim Putzen zu helfen. Wir baten sie nicht einmal darum, aber sie wollte helfen.« Die Kahns haben Maries Freundlichkeit nie vergessen.

Die jüdischen Geschäfte wurden eines nach dem anderen beschlagnahmt, und selbst in diesen kleinen Dörfern wurden alte Freunde zu Nazis. »Nicht jeder trug es mit Fassung«, sagte Ernst. »Eines Abends stürzten zwei Jungen, Alfred Adler und Max Wolf, in eine Nazi-Versammlung, schlugen alle und alles zusammen und rannten wieder heraus. Das muß was gewesen sein! Aber ich glaube, sie taten es spontan, weil Alfred sofort nach Holland floh. Aber der arme Max blieb. Ich glaube, dann wurde ihm klar, wie sehr er seine Lage erschwert hatte. Er bekam Angst, wurde trübsinnig, und eines Abends ging er in den Fleischerladen seines Vaters in Zell, lud das Bolzenschußgerät und wendete es gegen sich selbst.«

Walter Kahn und andere jüdische Bewohner der Orte Alf, Bullay und Zell beim Besuch der ehemaligen Zeller Synagoge. September 1995.

Eines Abends wurden Ernst und seine Mutter in das Haus von Herrn Beck gebeten, dem Direktor des Eisenbahnbetriebshofs in Bullay und der örtliche Obernazi. »Er lebte in einem riesigen Haus hoch oben auf dem Hügel, und als wir ankamen, gab es Kaffee und Kuchen für uns. Das war schon überraschend, aber Beck sagte: ›Frau Kahn, wir wissen, daß Sie zu allen hier gut und freundlich gewesen sind, aber die Partei will in Bullay keine nicht-jüdische Fleischer, und beide Fleischerläden gehören Juden. Ich möchte, daß Sie ihr Geschäft an Herrn Uwer verkaufen – Peter Uwer. Das ist so befohlen worden.‹ Nun, meine Mutter war erbost, und sie wollte nicht alles aufgeben, wofür sie gearbeitet hatte. Sie sagte, das käme überhaupt nicht in Frage. Aber Herr Beck entgegnete, er habe schon die Erlaubnis erhalten, direkt von der Nazi-Partei 50 000 Reichsmark zu überweisen – keine geringe Summe, das kann ich Ihnen sagen. Aber das machte sie nur noch wütender.

Also schaute Herr Beck mich an und schüttelte den Kopf. Er zeigte auf einen Stapel Papiere und sagte, die Partei plante, allen Juden die Geschäfte wegzunehmen: ›Ernst, ich will, daß du mit deiner Mutter sprichst. Sie kann mir das Geschäft verkaufen, ich kann es mir aber auch einfach nehmen. Kriegen tue ich es auf jeden Fall.‹ Aber obwohl meine Mutter eine sehr gute Geschäftsfrau war, weigerte sie sich, von der Nazi-Partei Geld zu nehmen. Wenn sie uns unser Eigentum nehmen wollten, dann wollte sie ihnen nicht auch noch dabei helfen. ›Das hat überhaupt nichts mit Geld zu tun‹, sagte sie, als wir den Berg herabgingen. Sie blieb auch dabei.«

Bald darauf hatte Herr Beck Herrn Uwer in den Laden gesetzt, und die letzten Kahns bereiteten sich darauf vor, das Moseltal zu verlassen. Walter und Hans waren schon in Amerika und hatten Visa für sie besorgt. Ernst und seine Mutter besuchten Julius Kahns Mutter, die ihr Haus auf keinen Fall verlassen wollte. Ernst ging zur Bank in Empken und veranlaßte, daß die Militärpension seines Vaters jeden Monat auf ihr Konto überwiesen wurde. »Das hielt sie am Leben«, sagte er mit brechender Stimme, »bis sie kamen und sie mit vierundneunzig Jahren nach Auschwitz deportierten.« Seine Mutter verkaufte das Haus – »für einen Pappenstiel, kann ich Ihnen sagen« – an die Stadtfeldts. Kurz bevor sie den Nachmittagszug nahmen, stiegen Emma Kahn und ihr Sohn durch die Weinberge über der Mosel zum Jüdischen Friedhof hinauf. Sie standen vor Josefs Grab, und dann erwiesen sie Moses, Adam und Julius

Gerda Gardner, geborene Kaufmann, im Jüdischen Museum in Wittlich. Sie betrachtet Photographien ihrer Kindheitsfreunde. September 1995.

Erna Dorn, geborene Kaufmann, im Jüdischen Museum von Wittlich. Sie zeigt auf die Namen ihrer Freunde, die im Holocaust umkamen. September 1995.

ihre Achtung. Sie drehten sich um und gingen. Es war im August 1937. Fünfzehn Monate später wurden die Synagogen von Wittlich und Zell geplündert. Nun versuchten die Juden, die noch nicht gegangen waren, verzweifelt herauszukommen. Aus den drei Familien, zu denen die zwanzig Juden von Bullay 1930 gehörten, wurden sieben Menschen deportiert, die anderen konnten sich retten. Auf der anderen Flußseite entkamen zehn der elf Juden aus Alf; nur einer blieb zurück und ging in den Tod. Von den zweiunddreißig Juden Zells wanderten achtzehn rechtzeitig aus. Von denen, die nicht fliehen konnten, begingen drei Selbstmord. Kein Jude ist nach dem Krieg nach Bullay, Zell, Alf oder Wittlich zurückgekehrt, um hier zu leben.

Der dreiundachtzigjährige Walter Kahn schaute noch immer hinüber zum Friedhof. Er wies auf die Stadt, die dort unten halb unter den Bäumen verborgen lag. »Sehen Sie das Haus dort drüben, gerade hinter den Bäumen? Das gehörte den Harfs. Arthur Harf verließ Deutschland gemeinsam mit meinem Bruder Hans, und Julius ging bald darauf. Sie zogen nach Erie, Pennsylvania. Nach dem Tod seiner Frau heiratete ihr Vater Gustav. Er hatte den anderen Fleischerladen in Bullay, und alle Leute in der Stadt liebten den alten Harf. Er blieb hier. Natürlich deportierten sie ihn und seine zweite Frau. Umgebracht.« Ernst wandte sich Walter zu und sagte: »Weißt du übrigens, wer die Harfs abführte?«

Walter nickte. »Natürlich weiß ich das. Herr Höfer, der Polizist.«

»Und noch ein bißchen weiter da hinten«, fuhr Walter fort, »können Sie sehen, wo die Salomons lebten, die Viehhändler, Julius und Emma. Ihr Sohn Oskar zog nach Hamburg und wurde auch deportiert. Er überlebte, emigrierte nach Chicago und ging in die Teppichreinigungsbranche. Alfred und seine Eltern kamen 1938 heraus. Sie zogen nach Argentinien.«

Inzwischen waren die anderen nach unten gekommen. Der Nebel hatte sich gelichtet, Insekten summten, und das Klappern von Ullis Schere war pausenlos zu hören. Angelika Schleindel kam munter ins Haus, um Walter, Ernst, Ernsts Frau Thea und die übrigen abzuholen, die noch über ihrem Kaffee saßen.

Die Historikerin Angelika bewohnte in Haus Waldfrieden das Dachgeschoß. Sie hatte die Geschichte der Juden von Wittlich in einem Buch und einer Ausstellung rekonstruiert und tat nun dasselbe für die anderen Dörfer an der Mosel. Dieser offizielle Besuch fand auf ihre Anregung hin statt. Sie war seit Jahren mit Walter und Ernst in Kontakt und durchforschte deren Erinnerungen und Aufzeichnungen. Angelika war zugleich Hostess, Chauffeur und Mutter für die Gruppe. Sie dirigierte sie sofort in die wartenden Autos. Sie mußten schnell nach Zell.

In einem der Autos unterhielt sich Walter mit Gerda, einer Witwe aus New York, die zum ersten Mal wieder in Deutschland war. Sie hatte viel Mühe, sich zu erinnern. »He Walter«, sagte sie und stieß ihn in die Seite, »was heißt das, wir gehen auf die Hindenburg? Ich kann mich nicht erinnern, daß wir je auf eine Hindenburg gegangen sind.«

Walter lachte und sagte: »Nein, Gerda, nicht Hindenburg – die Marienburg, die alte Burg.«

Gerda zuckte die Achseln. »Wer kann sich schon daran erinnern? Hindenburg, Marienburg, diese Gegend ist voller Burgen.« Und zu mir sagte sie: »Haben Sie ein Auto?«

Ich nickte.

»Gut«, sagte sie und tippte mich ein paar Mal auf die Schulter. »Dann können Sie mich nach Alf fahren. Ich will mir unser Haus ansehen. Erna!« rief sie.

Erna, die mit Angelika sprach, drehte sich um. »Ja?«

»Kommst du mit nach Alf?«

»Gern, Gerda. Dazu sind Cousinen da.«

Ich fragte Gerda, wie sie sich bei ihrem Besuch fühle. Sie wollte etwas sagen, öffnete den Mund und machte ihn wieder zu. Ihre Gedanken sammelnd sagte sie: »Oh, ich weiß nicht, es ist verwirrend. Ich habe seit Jahren kein Wort deutsch mehr gesprochen, ich habe meine Bedenken gegenüber den Deutschen, aber jetzt sind alle so nett zu mir. Ob ich zurückkommen wollte? Nein, ich glaube nicht. Ich meine, wer braucht das alles? Obwohl meine gesamte Familie noch 1939 herauskam, ich weiß es trotzdem nicht. Und außerdem«, sagte sie, als wir in Zell auf einen Parkplatz fuhren und sie auf zwei ältere Frauen blickte, die in der Nähe standen, »sind die Deutschen noch dieselben? Oder haben sie *gechanged*? Ich meine geändert? Ich meine, mein Englisch und mein Deutsch geraten ständig durcheinander!«

Gerda wartete meine Antwort nicht ab, sondern hievte sich aus dem Auto und steuerte durch die Gassen von Zell, vorbei an den Eisverkäufern, den Weinkellern, den Souvenirläden, den herumwimmelnden Touristen. Die jüdische Gruppe hatte sich bereits in der Gasse hinter dem »Schloß« versammelt; zusammen mit dem Bürgermeister, einigen Honoratioren und einem Kamerateam betraten sie die winzige Synagoge. Diese einzig sichtbare Erinnerung an Zells jüdische Vergangenheit war in schlechtem Zustand, ein staubiger kleiner Raum, der nicht mehr als Synagoge, sondern als Lagerraum diente.

Walter, auf seinen Stock gestützt, ging langsam hinein und sagte, ohne sich umzuschauen: »Sie werden feststellen, daß es eine Tafel für die im Ersten Weltkrieg gefallenen Zeller Juden gibt, aber dann hört die Geschichte auf.« Er runzelte die Stirn und sah sich nach einem Stuhl um. »Ich habe an den Bürgermeister einen Brief geschrieben und darum gebeten, ob sie diesen Raum nicht in ein Museum umwandeln könnten, einen Ort der Erinnerung, aber er schrieb zurück, der Stadtrat habe es abgelehnt.« Er schüttelte den Kopf. »Das überrascht mich nicht, aber ich glaube, die nächste Generation wird den Mut aufbringen, dieses Unrecht wiedergutzumachen. Die Älteren wollen einfach nicht daran erinnert werden, das ist alles.«

In dem einstigen Betraum hingen die sieben Juden und ihre Familien ihren Erinnerungen nach.

Fritz Bender und seine Schwester Martha sprachen leise mit ihren Kindern. Lee und ihre beiden Söhne lasen die Namen auf der Erinnerungstafel. Gerda zeigte auf die kleine Galerie. »He, da oben mußten wir immer sitzen, die Mädchen und ihre Mütter. Aber sieh dir nur diesen Raum an! Der ist ja furchtbar!«

Während sie ihre Augen schweifen ließ, fügte sie hinzu: »Wissen Sie, die Leute hier, die zerschlugen alles in der ›Kristallnacht‹. Wir lebten damals noch in Alf, auf der anderen Seite des Flusses. Danach kamen wir nie wieder her. Wir hatten Angst.«

Die Fernsehkamera schwenkte umher wie ein riesiger Plastikvogel, der seinen Schnabel vor die Gesichter der alten Juden hängte. Das Fernsehlicht schien grell, als zwei Schulkinder eine hölzerne Tafel mit den Namen der während des Holocaust Ermordeten enthüllten. Da lächelte Walter.

Später gab es einen Empfang im Rathaus. Politiker und Geistliche hielten Reden. Manche sprachen hölzern. Andere redeten überzeugend, voller Gefühl. Danach wurden Weinflaschen und Erinnerungsbücher an Zell verteilt. Ernsts Frau Thea (geborene Ladenburger aus einer Kleinstadt im Schwarzwald) lächelte. »Ich sag Ihnen die Wahrheit. Eine Woche lang ist es leicht, in Deutschland Jude zu sein. Länger wäre das nichts für mich.«

Während ihres einwöchigen Aufenthalts besuchten die Juden aus Alf, Zell und Bullay ihre alten Wohnungen, schauten in Archive und sprachen mit Schulkindern. Ich begleitete sie zu einem Gymnasium flußabwärts in Cochem, aber wir hielten wie versprochen in Alf, damit Gerda sich umschauen konnte. Nicht ganz so postkartenschön wie Zell, war es doch genauso sauber. Gerda steuerte zielbewußt durch eine schmale Gasse auf ihr altes Haus zu und lief Erna und mir fast davon. Kurz bevor sie das Haus erreicht hatte, trat ein älteres Paar hinaus auf die Straße und stieß fast mit ihr zusammen. Der Mann sah Gerda, wandte sich zu seiner Frau und sagte: »Schau, da ist Gerda Kaufmann. Wie geht's dir, Gerda?« Als sei sie nur mal für ein Wochenende fortgewesen. Darüber mußte Gerda kichern, und die drei lächelten sich an. »Mir geht es gut. Aber wer sind Sie?« Sie blinzelte, als verschwänden so die Falten aus ihren Gesichtern, die Jahre aus ihrer Erinnerung.

Während die drei alten Nachbarn Informationen austauschten, erzählte mir Erna: »Unsere Familie kam auch aus Alf. Aber als ich jung war, kaufte mein Vater ein kleines Geschäft in Bad Bertrich, und wir zogen um. Das ist nicht weit von hier, ein hübscher Sommerkurort mit Bad und Heilquellen. Es war damals nichts Besonderes, nicht wie Marienbad oder Karlsbad. Eher Mittelklasse – schon hübsch – die meisten Patienten wurden von ihrer Versicherung geschickt. Mein Vater starb 1918 während der Grippeepidemie, deshalb mußten meine Mutter und meine beiden Brüder den kleinen Kurzwarenladen führen. Wir waren die einzige jüdische Familie in der Stadt und lernten unser Hebräisch und alles Jüdische vom *Lehrer*, dem armen Herrn Kornfeld. Ich glaube, Gerda hat er auch unterrichtet.«

Inzwischen waren Gerdas ehemalige Nachbarn weitergegangen, und sie schaute sich ihr altes Haus an. Es war verschönert, neu verputzt, und Doppelfenster waren eingebaut worden. Blumenkästen mit Geranien hingen vor jedem Fenster. »Meine Güte«, sagte Gerda, während sie einen Schritt zurücktrat, um alles mit einem Blick erfassen zu können, »sie haben es aber wirklich besser gemacht als wir damals!« Sie wandte sich uns zu. »Wissen Sie, wenn mein älterer Bruder nicht insgeheim vor der ›Kristallnacht‹ all unser Geld aus dem Land gebracht hätte, wäre meine Mutter nicht fortgegangen. Da bin ich sicher, und sie hat es auch gesagt.« Sie wandte sich wieder dem Haus zu und schüttelte den Kopf. »Und wenn sie nicht gegangen wäre, wäre ich auch nicht gegangen und stünde jetzt nicht hier.« Sie sah uns an und zog die Augenbrauen hoch. Das Geräusch eines Motorrads hallte aus einer Nebengasse durch das Dorf.

Das Dorf Cochem ist noch hübscher als Zell und so von Touristen überlaufen, daß seine verwinkelten Gassen zwischen den Fachwerkhäusern in den Sommermonaten für den Autoverkehr gesperrt sind. In einem grünen Tal über der Stadt liegt das Gymnasium. Während Erna und Gerda in eine Klasse gingen, besuchten Lee Kahn und ihre beiden Söhne eine andere. Walter und Ernst sollten ein bißchen später vor der gesamten Schule sprechen.

Während sie durch die Gänge ging, murmelte Gerda vor sich hin: »Was soll ich diesen Kindern denn sagen? Was kann ich denn sagen? Hier sind wir, die Juden? Die Juden sind hier?« Erna schwieg. Sie wirkte nervös. Angelika brachte sie in eine Klasse mit Siebzehnjährigen.

Ich zählte zwanzig Mädchen und Jungen. Ein Junge mit einem Pferdeschwanz trug Doc Martens-

Gerda und Erna beim Spaziergang in den Weinbergen oberhalb der Mosel. September 1995.

Stiefel. Die anderen Reeboks und Nikes. Alle zwanzig trugen Jeans und Sweatshirts, manche mit Kapuzen. Die meisten hatten kurze Haare.

Gerda und Erna begannen zögernd von ihrem Leben zu berichten, daß sie in Alf geboren waren, daß sie sich jahrelang der Gesellschaft zugehörig gefühlt hatten und daß sie von ihren Freunden vertrieben worden waren – gerade als sie so alt waren, wie die Schüler, die vor ihnen saßen.

»Und wie haben Sie sich da gefühlt? Ich meine, empfanden Sie sich als Deutsche oder als Juden?« fragte ein Mädchen und betonte das Wort ›oder‹.

Erna wirkte überrascht. »Wir – wir waren Deutsche. Deutsche natürlich. Unsere Familie lebte seit Jahrhunderten hier. Jüdisch war unsere Religion, das war alles, aber wir waren sehr, sehr deutsch.«

»Und Sie waren in das Alltagsleben integriert, so wie alle anderen, genauso?« fragte das Mädchen weiter.

»Nicht anders als alle anderen. Wir waren nicht sehr religiös. Wir trugen nicht schwarz wie die chassidischen Juden oder wie Sie das vielleicht in Anatevka gesehen haben. Die meisten Juden in Deutschland waren vollständig integriert. Wir kleideten uns nicht anders und sahen nicht anders aus als alle anderen.«

»Aber wie...«, fragte das Mädchen wieder, doch in ihrer Frustration konnte sie den Satz nicht zuende bringen, konnte sie sich das alles nicht zusammenreimen. Sie hob die Hände, ließ sie wieder fallen und blies sich eine Haarsträhne aus dem Gesicht.

Erna fuhr fort. »Plötzlich konnten wir nicht mehr ins Kino gehen.« Sie machte eine Pause und saß einen Augenblick still da, als ließe sie all die Ungerechtigkeiten wieder in sich hochkommen. »Wir konnten nicht mehr in die Schule gehen, oder ins Theater, in den Park. Wir durften kein Radio haben. Mußten zu bestimmten Zeiten einkaufen. Durften keine öffentlichen Verkehrsmittel benutzen. Eine Einschränkung nach der anderen. Und ich war das einzige jüdische Mädchen im Ort, also können Sie mir glauben, ich war ...«, sie seufzte, »ich war schrecklich einsam.«

»Aber in Amerika gibt es auch Nazis!« sagte ein Junge.

Die Lehrerin verzog das Gesicht. Erna lächelte nachsichtig. Gerda kniff die Augen zusammen. »Ich glaube nicht, daß ich das vergleichen möchte«, sagte sie knapp. »Bring deine Geschichtskenntnisse in Ordnung.« Aber sie sagte es ohne Groll.

Die Fragen folgten schnell aufeinander. Wie fühlt man sich, wenn man zurückkehrt? Schwierig, aber auf gewisse Weise ist es immer noch wie zuhause. Haben Sie deutsche Freunde? In Amerika sind viele unserer Freunde deutsche Juden. Hassen Sie Deutschland? »Hassen?« wiederholte Erna. Sie dachte einen Augenblick nach. »Nein, ich hasse Deutschland nicht. Aber meine Mutter wurde von Deutschen umgebracht.«

Nach dem Gespräch verließen Erna und Gerda mit einigen Schülerinnen die Klasse. Am Fuß der Treppe redeten sie noch eine Weile miteinander. Dann kam Erna strahlend herüber. »Das sind wirklich so nette Mädchen! So ausgeglichen und intelligent. Jetzt erinnere ich mich wieder an die Schule und wie gern ich hinging«, und mit leiserer Stimme, »bevor sich mich rauswarfen, natürlich. Und Freundinnen! Sie haben so viele Freundinnen.« Erna sah ihnen zu, wie sie im Schulhof zusammenstanden und redeten. »Ich war so allein, als ich in ihrem Alter war, so allein.« Gerda, die Erna zugehört hatte, sagte fast abwesend: »Wir verloren unsere Kindheit. Wir verloren unsere Heimat.«

Nach der Pause versammelten sich alle Schüler in dem großen Saal, wo Walter und Ernst bereits warteten. Lee und ihre Söhne, Erna und Gerda setzten sich dazu. Reinhold Schommers, der Schuldirektor, der sich sehr dafür eingesetzt hatte, daß die alten Juden zu seinen Schülern sprachen, stand zwischen den beiden und sprach leidenschaftlich und energisch von der Bedeutung dieses Besuchs und der einzigartigen Gelegenheit für die Schüler von Cochem, mit Menschen zusammenzutreffen, die so viel durchlebt hatten – so viel Geschichte, so viel Tragik.

Wenn die Worte auch wie Phrasen klangen – sie waren es nicht. Schommers war es sehr ernst damit, seine Schüler in historische und politische Diskussionen zu verwickeln. Tatsächlich war das Gymnasium von Cochem sehr in humanitärer Hilfe für Bosnien engagiert, und die Schüler sammelten Geld, Kleidung, Nahrungsmittel und schickten sie in die Flüchtlingslager im ehemaligen Jugoslawien.

Die Gäste standen vor den Jugendlichen mit ihren frischen Gesichtern. Ernst Kahn war besonders nachsichtig, als er von der Vergangenheit sprach. Er sagte, er mache seinen Freunden und Nachbarn keinen Vorwurf, weil ihnen gar nichts anderes übrig geblieben sei, als ihre jüdischen Freunde zu meiden. Der Druck während des Dritten Reichs war zu groß, und Ernst unterschied klar zwischen seinen Nachbarn und den Nazis. »Die Leute mußten mitmachen, oder sie verloren ihre Arbeit«, erklärte er. Erna sprach davon, wie einsam sie sich gefühlt hatte und wie sich ihre Freunde gegen sie wandten. Lee erzählte von ihrer Tante Elsa, die sich um sie kümmerte, während ihre Eltern sich abmühten, genug zu verdienen, um ihre Familie zu ernähren, und wie Elsa nach Minsk deportiert wurde und dort verhungerte.

Die alten Juden wollten vor allem deutlich machen, daß dieses schöne Flußtal ebenso zu ihrem Leben gehörte wie zu dem der Kinder, die vor ihnen saßen. Immer wieder, in unterschiedlichen Formulierungen, fragten die Schüler: Hassen Sie die Deutschen? Fällt es Ihnen schwer, hier zu sein? Können Sie Deutschland verzeihen? Geht es Ihnen jetzt in Amerika besser als in Deutschland vor den Nazis? Und ein Schüler wollte von Walter wissen: »Aber wie war das für Sie, als Deutscher, während des Zweiten Weltkriegs in Amerika zu sein, als die Amerikaner gegen die Deutschen kämpften?«

»Wir waren sicherlich keine Amerikaner, das stimmt«, entgegnete Walter. »Aber wir waren auch keine Deutschen mehr, und die meisten Leute verstanden das. Sehen Sie, es war damals schwer für die Amerikaner, für alle – schließlich war es die Zeit der wirtschaftlichen Depression, und so viele Leute hat-

Schüler aus Cochem hören den ehemalige Bewohnern der Moseldörfer zu. September 1995.

ten keine Arbeit und nur sehr wenig zu teilen. Aber ich muß sagen, daß Amerika von Anfang an bereit war, uns bei einem neuen Start zu helfen. Das ist dort so eine Art Philosophie. Die Menschen schauen nach vorn, und sie kümmern sich nicht darum, was man verloren hat, was man zurückgelassen hat, auch wenn es uns nicht egal war. Oder vielleicht, was ich zurückließ...«, und er begann plötzlich zu weinen. Er bedeckte seine Augen mit der Hand und sagte, »was ich hier zurückließ...« Im Raum war es still. Draußen zwitscherten die Vögel, und die Blätter der Bäume raschelten im Wind.

Es folgten weitere Besuche: in Schulen, Altersheimen, in noblen Restaurants. Die alten Moseljuden erinnerten sich an die Vergangenheit und teilten sie mit jedem, der gerade neben ihnen saß. So erzählte mir Fritz Bender von seiner Zeit an der Universität in Darmstadt, wie er während der Ferien nach Hause kam und ihm Emma Kahn in ihrer Küche in Bullay etwas zu essen gab, bevor er mit der Schmalspurbahn nach Zell fuhr. Stolz erwähnte er sein Leben als Wissenschaftler in Kanada und wie er sich Anfang der vierziger Jahre an den Kriegsanstrengungen beteiligt hatte. Er berichtete von seiner Flucht per Schiff aus Holland und von der Rettung auf See durch die Briten und wie er eine Weile als Kriegsgefangener interniert worden war. Aber später erzählte mir Angelika eine traurigere Geschichte. Fritz war 1933 mit seiner Frau,

Lee Kahn, geborene Adler, spricht vor einer Schulklasse in Cochem. September 1995.

einem Kind und seiner Schwiegermutter nach Holland emigriert. Doch als die Deutschen 1940 einfielen, wurden sie getrennt. Fritz gelang es, auf ein Schiff zu kommen, aber als seine Frau Gerüchte hörte, daß er tot sei und sie beobachtete, wie die Nazis alle Juden abholten, tötete sie ihre Mutter, ihr Kind und sich selbst.

Während wir eines Abends auf die Lichter von Bullay blickten, erzählte mir Erna, wie ihre Mutter ihren Kindern bei der Emigration aus Deutschland half, aber als sie in Stuttgart ihr eigenes Visum für Amerika abholen wollte, waren ihre Augen so schlecht, daß sie abgelehnt wurde. Sie verließ Bad Bertrich und mietete mit ihrer Schwester ein Zimmer in Trier, und dort warteten sie voller Angst auf das Klopfen an der Tür, das ihre Deportation in den Tod bedeutete. Es war deutlich, daß Erna sich nie verziehen hatte, ihre Mutter zurückgelassen zu haben, und noch mit achtzig Jahren waren die Erinnerung und die Wunde frisch und schmerzhaft. Sie hatte einen jüdischen Flüchtling aus Wien geheiratet, »ein wundervoller Tänzer«, und sie hatte einen Sohn. Sie lebten in New York, aber nach dem Tod ihres Mannes zog Erna nach Fort Lauderdale. Sie erzählte an diesem Abend nicht von ihrem Sohn. Sie konnte nur an ihre Mutter denken.

Bereits 1993 hatte Walter Kahn bei einem offiziellen Besuch in der Stadt Wittlich, den der Bürgermeister Helmut Hagedorn angeregt hatte, den wißbegierigen zwölfjährigen Hannes Schmidt kennengelernt. Die beiden wurden schnell Freunde (weder Walter, dessen Frau vor ein paar Jahren starb, noch Ernst hatten je Kinder gehabt). Walter und Hannes begegneten sich wieder, als die Gruppe die Synagoge von Wittlich besuchte, in der jetzt ein Jüdisches Museum beherbergt ist, an dem Angelika mitarbeitete. Bei einem Essen in einem Wittlicher Restaurant quetschte Hannes einen Stuhl zwischen Walter und ein paar andere Erwachsene, und da saß er nun, blaue Augen, blondes Haar, und strahlte, während er den alten Mann und seine Geschichten in sich aufnahm, seine Gesten, seine Leidenschaft. Irgend jemand fragte Walter, »Wie fühlst du dich?«, und Walter antwortete, »wie fünfundachtzig Jahre alt«, und Hannes fiel vor Lachen fast vom Stuhl. Walter langte herüber und strich dem Jungen über den Kopf.

Gedenkfeier auf dem jüdischen Friedhof von Bullay. Sitzend: Walter und Ernst Kahn. September 1995.

»Ich liebe ihn einfach«, sagte Hannes mit fast perfektem amerikanischem Akzent zu mir. »Sicher, vielleicht ist er wirklich alt, aber er beschwert sich nie über seine Gesundheit oder so etwas. Er ist immer so nett und fröhlich, und er hat mich durch ganz Wittlich geführt und mir seine Stadt gezeigt – das jüdische Wittlich. Das ist entscheidend, verstehen Sie, die Vergangenheit kennenzulernen und daß er mit jungen Menschen wie mir darüber reden kann. Sehen Sie, Walter sagt, wenn man weiß, was passiert ist, dann kann man dafür sorgen, daß es nie wieder passiert, nicht?«

Am letzten Tag ihres Besuches traf sich die gesamte Gruppe auf dem jüdischen Friedhof von Bullay. Die Weinlese war näher gerückt, und der Spätsommerregen ließ die Trauben immer noch wachsen. Alle sagten eine gute Ernte voraus. Über hundert Menschen versammelten sich an diesem bewölkten Nachmittag. Aus Bonn war ein Kantor gekommen, um einen Kaddisch-Gottesdienst zu leiten. Jemand hatte Jarmulkes für die Männer besorgt.

Unsicher steuerte Marie, das uneheliche Kind, das die Kahn-Familie nie im Stich gelassen hatte, auf Ernst zu. Seit einem Schlaganfall vor zehn Jahren mußte sie sich auf einen Stock stützen. Nach dem Krieg hatten die Kahns Marie nicht vergessen, und so war sie fast jedes Jahr nach Amerika gefahren und hatte ihren Urlaub bei ihnen verbracht. »Das verstand sich doch von selbst«, sagte Thea Kahn. »Sie war zu meinem Mann so gut zu einer Zeit, als das kaum jemand war.«

Die Stadtfeldts waren ebenfalls da. Erna war weiß gekleidet, mit einem passenden Hut. Eleanor in schwarz trug ein adrettes Häubchen. Ihr Bruder Hermann war vor einigen Jahren gestorben. Erna saß bei Walter, und die beiden tauschten Geschichten und Erinnerungen aus. Schulkinder lugten über den Zaun, und ein Paar, das auf seinen Fahrrädern durch die Weinberge fuhr, hielt an um zuzusehen. Der Kantor sprach die Gebete. Jemand fügte einige Worte hinzu. Danach verstreuten sich die Leute zwischen den Gräbern. Erna stand nach sechzig Jahren wieder vor dem Grabstein ihres Vaters. Mit zusammengepreßten Lippen brach sie einen kleinen Zweig ab und staubte den Stein ihres Vaters ab. »Meine Mutter hat keinen«, sagte sie leise.

Lee stand vor dem Grab von Max Wolf. »Sein Selbstmord war schrecklich«, sagte sie kopfschüttelnd, als sei es gerade erst geschehen. Angelika half Walter aus seinem Stuhl, und die beiden bewegten sich langsam über das frischgemähte Gras zum hinteren Ende des Friedhofs. Dort stand Walter vor dem Grab von Josef Sondheimer, dann vor denen von Moses und Adam. Angelika half Walter wieder den Hügel hinauf. Ich machte ein letztes Photo und ging zum Wagen. Vor dem Friedhof stand Gerda allein und schaute über die Berge, die Weinberge, den Fluß.

»Wie war das für Sie, Gerda? Wie war dieser Besuch daheim?« fragte ich, als ich meine Kameratasche auf dem Rücksitz meines Wagens verstaute.

Schüler aus Cochem befragen ehemalige jüdische Bewohner der Mosel-Gegend. September 1995.

Gerda lächelte. »Machen Sie sich keine Sorgen. Zur Weinlese bin ich wieder hier.« Dann wandte sie sich ab und kehrte zu ihren Erinnerungen zurück.

Ich ließ den Wagen an und arbeitete mich durch den dichten Touristenverkehr von Zell, fuhr über den Hunsrück und auf die Autobahn nach Mainz und Frankfurt. Nach Mitternacht kam ich in Berlin an.

Einige Wochen später schrieb mir Angelika, daß Walter Kahn in einem Krankenhaus in Florida gestorben war und sein Bruder Hans eine Woche darauf. Ich rief Ernst in Boca Raton in Florida an, um ihm mein Beileid auszusprechen. Dann schrieb ich einen Brief an Hannes Schmidt in Wittlich, um ihm zu sagen, wie leid mir der Tod seines Freundes Walter tat.

DACHAU

Epilog

Nach Sachsenhausen mit Israelis Januar 1996

Ein anderes Konzentrationslager, ein anderer Pressebus. Es waren sechs Jahre und zwei Monate vergangen, seit ich mit den deutschen Presseleuten nach Auschwitz gefahren war. Nun fuhr ich nach Sachsenhausen mit israelischen Journalisten, die den Präsidenten Ezer Weizman bei seinem ersten offiziellen Besuch in Deutschland begleiteten.

Als ich 1989 an dieses Buch zu denken begann, gab es zwei deutsche Staaten, der Kommunismus beherrschte Mitteleuropa, Saddam Hussein warf begehrliche Blicke auf Kuwait, und Israels Beziehungen zu den arabischen Staaten – außer Ägypten – waren noch feindlich. Vieles hat sich seither radikal verändert. Die Welt ist ein wesentlich anderer Ort.

In Sachsenhausen ging der deutsche Präsident Roman Herzog an der Seite des Präsidenten Israels durch das ehemalige Konzentrationslager und zu den Krematorien. Diplomaten und Würdenträger flankierten sie, als sie schweigend über das Lagergelände gingen. Man hörte nur das Knirschen ihrer Schuhe auf dem Kiesweg und das Surren und Klicken von Kameras. Etwa zehntausend Juden waren in diesem brutalen Arbeitslager gestorben, und Weizman wollte ihnen die Ehre erweisen.

In einem kalten Nordwind stand der siebenundsiebzigjährige Oberkantor der Berliner Synagoge in der Pestalozzistraße, Estrongo Nachama, vor den Versammelten und bereitete sich auf das Kaddisch vor. Der alte Mann hatte fast eine Stunde in der Kälte gewartet, aber gerade als er beginnen wollte, fragte ihn Weizman plötzlich, woher er sei. Nachama, der nicht ganz verstand, sah um sich, beugte sich zu dem Israeli und sagte leise: »Auschwitz«.

Es schmerzte, dies zu hören. Estrongo Nachama war in Saloniki geboren und in Griechenland aufgewachsen, bis die Nazis ihn und seine Familie deportierten. Er überlebte, sie nicht. Nachdem Estrongo Nachama von der SS von einem Lager ins nächste verschoben worden war, wurde er nach Sachsenhausen gebracht. Da er nach Kriegsende keinen Grund hatte, nach Griechenland zurückzukehren, geriet er in das verwüstete Berlin, wurde von Juden gepflegt und blieb schließlich dort. Ezer Weizman und Estrongo Nachama schauten sich einen Augenblick an, dann begann der Kantor den Gottesdienst. Die Fernsehlampen gingen an, Mikrophone wurden gepeilt, Kameras klickten.

Das Judentum gründet sich auf Erinnerung. Juden, die vor fünfhundert Jahren aus Spanien vertrieben wurden, bewahren noch immer die Schlüssel auf, die ihre Vorfahren aus Kastilien und Aragon mitbrachten. Aber es geht um mehr als um bloße Erinnerung: Es ist kollektive Erinnerung, und bei Juden gründet sie tief. Die Tragödie vor fünfzig Jahren – die schlimmste, die in den letzten 2000 Jahren über das jüdische Volk kam – wird noch über Generationen frisch und schmerzhaft bleiben.

Aber so wie sich das Judentum auf Erinnerung gründet, so steht das Nachkriegsdeutschland, das in der sogenannten Stunde Null entstand, für das Gegenteil. Viele Deutsche wollen oder können sich nicht leicht erinnern. Nicht wenige hassen es, an das Dritte Reich nur erinnert zu werden. Aber seit dem Ende der siebziger Jahre hat sich die deutsche Gesellschaft allmählich auf die Erforschung ihrer häßlichen Vergangenheit eingelassen. Der Prozeß verläuft ungleich-

Oberkantor Estrongo Nachama bereitet sich auf einen Gedenkgottesdienst vor, Konzentrationslager Dachau. Mai 1993.

mäßig und mühsam, aber er geht unaufhörlich weiter. Die Erforschung ist zu einem Bestandteil der nationalen Psyche geworden. Der alte Satz »Wenn du vergißt, daß du ein Jude bist, wird die Welt dich daran erinnern«, gilt eigenartigerweise auch für Deutsche, die nach dem Krieg geboren wurden. Sie können der Vergangenheit nicht entkommen. Die Stunde Null hat in diesem Sinne noch gar nicht begonnen, und das ist eine schmerzhafte Erfahrung für junge Deutsche.

Juden leben in Deutschland. Nicht alle fühlen sich hier völlig wohl, aber angesichts des anhaltenden Zustroms von Juden aus der ehemaligen Sowjetunion ist das Judentum auf deutschem Boden auf Jahre hinaus gesichert. Viele Juden in anderen Ländern wissen nicht, was sie von den Juden in Deutschland halten sollen; manche können ihnen nicht verzeihen, daß sie hier leben. Und ich habe das Gefühl, das ist eine zu schwere Last für 50000 Juden.

Der israelische Präsident Ezer Weizman im Gespräch mit Oberkantor Estrongo Nachama während eines Besuchs im Konzentrationslager Sachsenhausen. Januar 1996.

In den zehn Jahren, die ich der Beobachtung des heutigen jüdischen Lebens in Mitteleuropa und auf dem Balkan gewidmet habe, bleiben mir vor allem die Szenen in Erinnerung, die meinen eigenen vorgefaßten Vorstellungen widersprachen. In Rumänien sagte mir 1987 ein jüdischer Fleischer, der viermal in der Woche arbeitete, um an nur dreißig Familien in fünf ländlichen Bezirken koscheres Fleisch zu liefern: Zahlen sind unwichtig. In Bosnien erlebte ich 1993, wie Überlebende des Holocaust und ihre Nachkommen eine Synagoge in Sarajevo in eine glaubensunabhängige Hilfsorganisation verwandelten.

Und diese unerwartete Erinnerung habe ich an Deutschland: ein grauer Sonntagabend in Berlin 1995, zum Abschluß eines Seminars für neu angekommene Jugendliche aus der ehemaligen Sowjetunion. Sechzig Mädchen und Jungen hatten teilgenommen. Ein Mädchen, das sich beeilen mußte, um den Zug nicht zu verpassen, der sie in die düsteren Baracken von Pfaffenschwende in der Nähe von Erfurt zurückbringen sollte, kam auf den Organisator Deni Kranz zugelaufen. »Ich wollte Ihnen nur danken, daß Sie mich eingeladen haben«, sagte sie atemlos, als sie ihm mit beiden Händen die Hand drückte. »Wirklich. Zum ersten Mal in meinem Leben fühle ich mich jüdisch. Danke!« Und damit küßte sie ihn auf die Wangen, griff nach ihrem Rucksack und rannte zur Tür hinaus. Ich nahm meine Kamera und lief hinter ihr die Oranienburger Straße hinunter, in der Hoffnung auf ein brauchbares Bild.

Als ich 1988 an einem regnerischen Novembermorgen zum ersten Mal in diese Straße gekommen war, war sie leblos, verrammelt und grau. An diesem Tag, fast acht Jahre später, lief das Mädchen aus dem Restaurant, das von Israelis geleitet wird, vorbei an dem modernen Centrum Judaicum, dem Museum mit seiner goldenen Kuppel und dem Magen David, vorbei an der jüdischen Kunstgalerie und verschwand im S-Bahn-Eingang. Kein Bild für mich. Aber ich lächelte, als ich daran dachte, was sie gerade gesagt hatte. Das Mädchen aus Rußland hatte gerade jemandem gedankt, weil er ihr geholfen hatte, sich in Deutschland jüdisch zu fühlen. Nicht zum ersten Mal in Mitteleuropa fühlte ich, wie sich die Räder der Geschichte drehten.

Dank

All denen, die mich bei der Verwirklichung dieses Buches unterstützt haben, bin ich zutiefst verpflichtet, und als erstes möchte ich mich bei Rabbi Andrew Baker vom American Jewish Committee und Dr. Andreas Nachama von den Jüdischen Kulturtagen Berlin bedanken. Beide haben mir von Anfang an geholfen.

Ein Großteil dieser Arbeit kam im Rahmen eines Projektes der Zentralwohlfahrtsstelle der Juden in Deutschland zustande. Hier öffneten mir Bennie Bloch, Aviva Goldschmidt und Deni Kranz alle Türen. Einige der Photographien waren bereits im Jüdischen Museum der Stadt Frankfurt zu sehen, wo ich der Kuratorin Cilly Kugelmann und dem Direktor Georg Heuberger danken möchte.

Die Realisierung des Mosel-Kapitels war nur möglich, weil Angelika Schleindel mir während meines Besuches viel Zeit zur Verfügung stellte und anschließend meine Entwürfe las und korrigierte.

In den Jüdischen Gemeinden in Deutschland geht mein besonderer Dank an Michael Szentei-Heise in Düsseldorf und Stefan Szajak in Frankfurt.

Einige Photographien entstanden für TIME Magazine, den Londoner Independent, die Wochenpost, Die Zeit, das Philadelphia Inquirer Magazine, das Londoner Guardian Magazine und die Washington Post.

Folgenden Personen bin ich ebenfalls zu Dank verpflichtet: Helmut Braun vom Jüdischen Museum in Berlin, Julius H. Schoeps, dem Direktor des Moses-Mendelssohn-Zentrums in Potsdam, Werner Perger bei der Zeit, Norma Drimmer von der Jüdischen Gemeinde Berlin, Paul Spiegel und besonders Hermann Simon, dem Direktor des Centrum Judaicum in Berlin.

Zu schätzen weiß ich darüber hinaus die Vorschläge, Hilfe und Unterstützung von Rabbi Rodney Mariner in London, Dieter Dettke im Washingtoner Büro der Friedrich-Ebert-Stiftung, Wolfgang Gibowski im Presse- und Informationsamt der Bundesregierung, Stefan Eisel bei der Konrad-Adenauer-Stiftung und Jürgen Wickert bei der Friedrich-Naumann-Stiftung.

Meine Assistentin Regine Wosnitza half mir bei unzähligen Recherchen, und gemeinsam mit Vera Stutz-Bischitzky besorgte sie die Durchsicht der deutschen Übersetzung. Karsten Schirmer erstellte die Abzüge der Photos.

Ich bedanke mich herzlich für die Unterstützung von Leica Kamera GmbH. Im Nicolai Verlag geht mein Dank an die Lektorinnen Carolin Hilker-Siebenhaar und Antonia Meiners sowie an den Verleger Thomas Karlauf. Für die Gestaltung des Buches danke ich Reinhard Köster.

Verpflichtet bin ich ferner meiner englischen Redakteurin Deborah Unger und meinem Agenten Thomas Schlück. Zuletzt ein herzliches Dankeschön an Ruth Gruber, die meinen Text in den unterschiedlichsten Stadien las und mir mit unschätzbaren Anregungen half.

S 1.154/5
Johann Strauss (Sohn)
Der Zigeuner-baron
Gesamtaufnahme
Grace Bumbry · Rita Streich
Biserka Cvejic · Gisela Litz
Nicolai Gedda · Kurt Böhme
Hermann Prey · Willi Brokmeier
Wolfgang Anheisser
Chor und Orchester der Bayerischen Staatsoper München
Franz Allers

Bibliographie

Deutsch – Jüdische Geschichte

Bach, H.I.: The German Jew. A Synthesis of Judaism and Western Civilization, 1730-1930, London 1984
Gay, Peter: Freud, Jews and Other Germans. Masters and Victims in Modernist Culture, Oxford 1978
Gay, Ruth (Hg.): The Jews of Germany. A Historical Portrait, New Haven 1992
Reinharz, Jehuda/Schatzberg, Walter: The Jewish Response to German Culture. From the Enlightenment to the Second World War, London 1985
Richarz, Monika (Hg.): Jüdisches Leben in Deutschland. Selbstzeugnisse zur Sozialgeschichte, Stuttgart 1976-1982
Rürup, Reinhard (Hg.): Jüdische Gesellschaft in Berlin. Essays und Studien, Berlin 1995
Schleindel, Angelika: Jüdisches Leben in Wittlich, Wittlich 1993
Scholem, Gershom: On Jews and Judaism in Crisis. Collected Essays, New York 1967
Simon, Hermann (Hg.): Tuet auf die Pforten. Die Neue Synagoge 1866-1995, Berlin 1995
Sorkin, David: The Transformation of German Jewry. 1780-1840, Oxford 1987

Deutsche Geschichte vor 1933

Craig, Gordon: The Germans, New York 1982
Manchester, William: The Arms of Krupp. 1587-1968, Boston 1964
Mann, Golo: The History of Germany since 1789, London 1974
Stern, Fritz: Gold and Iron. Bismarck, Bleichröder and the Building of the German Empire, London 1987
Stern, Fritz: Dreams and Delusions. The Drama of German History, New York 1987

Holocaust

Browning, Christopher R.: Ordinary Men. Reserve Police Battalion 101 and the Final Solution in Poland, New York 1992
Gellately, Robert: The Gestapo and German Society. Enforcing Racial Policy. 1933-1945, Oxford 1990
Hilberg, Raul: The Destruction of the European Jews. 3 Bde, New York 1985
Jäckel, Eberhard/Rohwer, Jürgen (Hg.): Der Mord an den Juden im Zweiten Weltkrieg, Stuttgart 1985
Levy, Isaac: Witness to Evil. Bergen-Belsen 1945, London 1993
Sommer, Theo (Hg.): Gehorsam bis zum Mord? Der verschwiegene Krieg der deutschen Wehrmacht. Fakten, Analysen, Debatten, Hamburg 1995
Steinberg, Jonathan: All or Nothing. The Axis and the Holocaust. 1941-43, London 1990

Nachkriegsdeutschland

Baldwin, Peter (Hg.): Reworking the Past. Hitler, the Holocaust and the Historians' Debate, Boston 1990
Balfour, Michael: Germany. The Tides of Power, London 1992
Bark, Dennis L./Gress, David R.: A History of West Germany. 3 Bde, Oxford 1989
Evans, Richard J.: In Hitler's Shadow. West German Historians and the Attempt to Escape from the Nazi Past, New York 1989
Fisher, Marc: After the Wall. Germany, the Germans and the Burdens of History, New York 1993
Funke, Hajo: Bitburg, Jews and Germany, New German Critique, Frühling/Sommer 1986, New York 1986
Hafner, Katie: The House at the Bridge. A Story of Modern Germany, New York 1995
Herf, Jeffrey: The Nazi-Past and the Two Germanys, Cambridge 1997
Herzog, Roman/Kohl, Helmut: 50 Jahre danach. Reden und Erklärungen, Bonn 1995
Jaspers, Karl: Wohin treibt die Bundesrepublik, München 1966
Stern, Frank: The Whitewashing of the Yellow Badge. Anti-Semitism and Philo-Semitism in Postwar Germany, Oxford 1992
Maier, Charles S.: The Unmasterable Past. History, Holocaust and German National Identity, Cambrigde 1988
Mitscherlich, Alexander und Margarete: Die Unfähigkeit zu Trauern. Grundlagen kollektiven Verhaltens, München 1967

Deutsch-Israelische Thematik

Balabkins, Nicholas: West German Reparations to Israel, New Brunswick 1967
Sachar, Howard M.: A History of Israel, Band 1, New York 1979
Segev, Tom: The Seventh Million. The Israelis and the Holocaust, New York 1992

Jüdische Thematik im Nachkriegsdeutschland

Bodemann, Michael Y.: Gedächtnistheater. Die Jüdische Gemeinschaft und ihre Deutsche Erfindung, Berlin 1996
Bornemann, John/Peck, Jeffrey M.: Sojourners. The Return of German Jews and the Question of Identity, Lincoln/Nebraska 1995
Brenner, Michael: Nach dem Holocaust. Juden in Deutschland. 1945-1990, München 1995
Broder, Henryk M.: Erbarmen mit den Deutschen, Hamburg 1993
Broder, Henryk M.: Der Ewige Anti-Semit, Frankfurt 1986
Broder, Henryk M./Lang, Michel (Hg.): Fremd im Eigenen Land. Juden in der Bundesrepublik Deutschland, Frankfurt 1987
Cohn, Michael: The Jews of Germany 1945-1993. The Building of a Minority, Westport/Connecticut 1994
Gilman, Sander L.: Jews in Today's German Culture, Bloomington 1995
Gilman, Sander L./Remmler, Karen: Reemerging Jewish Culture in Germany. Life and Literature since 1989, New York 1994
Jüdisches Museum der Stadt Frankfurt: Zedeka. Jüdische Sozialarbeit im Wandel der Zeit. 75 Jahre Zentralwohlfahrtsstelle der Juden in Deutschland 1917-1992, Frankfurt 1993
Kaufmann, Uri (Hg.): Jewish Life in Germany Today, Bonn 1995
Lappin, Elena (Hg.): Jewish Voices, German Words. Growing up Jewish in Postwar Germany and Austria, North Haven 1994
Salamander, Rachel/Giere, Jacqueline: Ein Leben aufs Neu. Das Robinson Album DP Lager. Juden auf Deutschem Boden 1945-1948, Wien 1995
Schneider, Richard Chaim: Zwischenwelten. Ein Jüdisches Leben im Heutigen Deutschland, München 1995
Schoeps, Julius H./Jasper, Willi/Vogt, Bernhard: Russische Juden in Deutschland. Integration und Selbstbehauptung in einem Fremden Land, Weinheim 1996
Schoeps, Julius H./Nachama, Andreas: Aufbau nach dem Untergang. Deutsch-Jüdische Geschichte nach 1945, Berlin 1994
Schoeps, Julius H./Nachama, Andreas: Leiden in Deutschland, München 1990
Silbermann, Alfons/Sallen, Herbert: Juden in Westdeutschland. Selbstbild und Fremdbild einer Minorität, Sankt Augustin 1992
Stern, Susan (Hg.): Speaking Out. Jewish Voices from United Germany, Carol Stream/Illinois 1995

Zeitschriften

New German Critique, New York
Nummer 20, Frühling/Sommer 1980
Nummer 21, Herbst 1980
Nummer 38, Frühling/Sommer 1986
Nummer 58, Winter 1993
Nummer 67, Winter 1996

Seiten 158/159
Das Goethe Institut in Tel Aviv
betreut pro Jahr annäherend 1000 Kursteilnehmer und verfügt über eine hervorragend ausgestattete Phonothek. März 1995.